Henri FLAMEN D'ASSIGNY

LE

12ᵉ Régiment
de Mobiles (Nièvre)

AUX ARMÉES
DE LA LOIRE ET DE L'EST
1870-1871

Journal d'un Officier du 3ᵉ Bataillon

Préface du Marquis COSTA DE BEAUREGARD
(De l'Académie Française)
Ancien Commandant du 1ᵉʳ Bataillon de Savoie

NEVERS
IMPRIMERIE DE LA NIÈVRE, G. VALLIÈRE
24, Avenue de la Gare, 24

1904

Henri FLAMEN d'ASSIGNY

LE
12ᵉ Régiment
de Mobiles (Nièvre)

AUX ARMÉES
DE LA LOIRE ET DE L'EST
1870-1871

Journal d'un Officier du 3ᵉ Bataillon

Préface du Marquis COSTA DE BEAUREGARD
(De l'Académie Française)
Ancien Commandant du 1ᵉʳ Bataillon de Savoie

NEVERS
IMPRIMERIE DE LA NIÈVRE, G. VALLIÈRE
24, Avenue de la Gare, 24

1904

Ce journal, mis en ordre au lendemain de la campagne et autographié à cette époque à cent exemplaires, n'était destiné qu'à mes camarades. M. Achille Millien, le distingué fondateur de la *Revue du Nivernais*, m'ayant demandé de le reproduire il a été lu par de trop bienveillants amis ; à leur avis, il peut offrir quelque intérêt au point de vue de l'histoire locale.

Sur leurs instances, je me décide à le faire paraître, sans y rien changer, en espérant qu'à défaut de mérite, la lettre qu'a bien voulu m'adresser mon excellent ami le marquis Costa lui servira de passe-port.

F. D'A.

Nevers, 10 janvier 1904.

Au Capitaine Henri d'ASSIGNY

Je ferme votre petit livre, cher ami, et voilà que, du même coup, s'envole l'illusion de ma jeunesse retrouvée. J'avais, en effet, oublié, tandis que je tiraillais, tout à l'heure, avec vous, sur la Loire et dans l'Est, que nos caravanes dataient de trente-quatre ans... trente-quatre ans qui nous ont, hélas! cruellement balafré l'âme et le visage!

Qu'avons-nous gagné à vieillir? En voyant ce qu'ils ont fait, ce qu'ils font de la France, nous pouvons dire que c'était un beau temps que celui où nous étions si malheureux!

Oui, c'était un beau temps, que celui où nous avions si faim, si froid, que celui où nous marchions jour et nuit du Nord au Midi, de l'Est à l'Ouest, toujours battus et jamais abattus, emportés par je ne sais quelle folle espérance de victoire...

Vous vous en souvenez, nous allions, Nivernais et Savoyards, sans souci de grade ni de carrière, obéissants jusqu'à la mort au premier venu qui nous parlait de Patrie...

Jamais rien ne ressemblera plus à ces régiments de Mobile où, monarchistes de tous poils, républicains de toutes couleurs couraient pêle-mêle à la bataille, ne demandant rien, n'espérant rien en échange de leur sang.

Quelle admirable France s'était ainsi ressoudée au feu! Pourquoi faut-il que la politique l'ait de nouveau mise en pièces?

Mais arrière la politique! Elle souillerait le fronton de ce vaillant petit livre. Mieux vaut, n'est-ce pas, cher ami, y accrocher, en ex-voto, un souvenir pour ceux des vôtres et pour ceux des miens qui, après avoir partagé les mêmes dangers, sont tombés pour le même devoir...

Votre vieux camarade,

Le Commandant COSTA,
Des Mobiles de Savoie.

Tamaris-sur-Mer, 8 janvier 1904.

LE 12ᵉ MOBILES

AUX ARMÉES DE LA LOIRE ET DE L'EST

CAMPAGNE DE LA LOIRE

Iʳᵉ **Période**

Le 17 août 1870, les officiers de la garde mobile de la Nièvre reçurent leurs brevets (1); le 24 du même mois eut lieu le premier appel; le 21 septembre, les bataillons furent formés en un régiment qui prit le nº 12, et le 23 septembre au soir, deux bataillons débarquèrent à Orléans, par la voie ferrée. L'état-major et le premier bataillon devaient rejoindre le lendemain.

Deux mois auparavant, il n'était pas question de la garde mobile; après nos premiers revers, on avait songé, mais un peu tard, à utiliser les forces vives du pays, forces sur lesquelles comptait tant le maréchal Niel, de regrettable mémoire.

Mal chaussés, à peine vêtus, les gardes mobiles ont montré pendant cette campagne ce que l'on pouvait attendre d'eux, si l'on eût donné suite aux projets du maréchal, et s'ils avaient compté seulement une année d'existence comme corps organisé.

---

(1) Nommés avant le 4 septembre, les officiers de la Nièvre ne furent jamais soumis à l'élection.

Voici quelle était à cette époque la composition des cadres du régiment :

Lieutenant-colonel : DE BOURGOING.

1er Bataillon. — CHATEAU-CHINON. — Chef de bataillon : DE PRACOMTAL.

N°s des Comp⁹	CHEFS-LIEUX des Compagnies	CAPITAINES	LIEUTENANTS	SOUS-LIEUTENANTS
1re	Château-Chin..	du Pré de Saint-Maur.	Esmoingt.	de Malart.
2e	Châtillon........	Comte.	de Bréchart.	André Massin.
3e	Montsauche....	Guillaume.	Pelletier de Chambure	E. Bonneau du Martray
4e	Moulins-Eng...	Foulon.	d'Espeuilles.	P. Bonneau du Martray
5e	Corbigny	Guénot-Grandpré.	de Certaines.	Maurice Massin.
6e	Lormes...	de Labrosse.	Heulhard de Montigny.	N.
7e	Tannay..........	Langlois.	Guillemain de Talon.	Octave Jourdan.

Chirurgien : COMOY.

2e Bataillon. — COSNE. — Chef de bataillon : DE SAVIGNY DE MONCORPS.

1re	Clamecy........	Josserand.	Cornu.	N.
2e	Varzy...........	Meunier.	de Couvelaire de Rougeville.	N.
3e	La Charité......	Ludovic Tiersonnier.	Lasnier du Colombier.	Gallié.
4e	Cosne	Paul Tiersonnier.	Gillois.	Frédéric Frottier.
5e	Donzy...........	Charbois.	Ruby.	Martinet.
6e	Pouilly..	Pétry.	Soucques.	Bitard.
7e	Saint-Amand...	Meysonnier.	Charles Frottier.	Henry Frottier.

Chirurgien : PICARD.

3e Bataillon. — NEVERS. — Chef de bataillon : DE VEYNY.

1re	Brinon...........	Dumas.	Soupé.	Mignot.
2e	Decize...........	de Noury.	Mielle.	Danteloup.
3e	Saint-Pierre et Dornes........	Fischer.	de Montrichard.	Fournier
4e	Saint-Saulge...	H. Flamen d'Assigny.	Leblanc.	Blaudin de Thé.
5e	Pougues...... ...	Charlenet.	Coujard de Laplanche.	Bertaux.
6e	Fourchambault	Gallois.	Lauvernay.	Blanchet.
7e	St-Benin-d'Azy	de Saint-Vallier.	F. Flamen d'Assigny.	de Vitry.

Chirurgien : DÉZAUTIÈRES.

L'abbé Cachet était attaché au régiment comme aumônier volontaire. MM. de Talon, Martinet et Mignot remplissaient, dans leurs bataillons respectifs, les fonctions d'adjudants-majors.

Le régiment comptait donc trois bataillons de sept compagnies à cent cinquante hommes.

Les compagnies de Luzy, Prémery et Nevers restaient au dépôt ; elles avaient versé aux compagnies de marche tous les hommes de bonne volonté, et reçu les hommes mariés ainsi que les soutiens de famille. Ces compagnies devenues ainsi fort nombreuses servirent de noyau à la formation de deux nouveaux bataillons, qui prirent les n°s 4 et 5, et dont les officiers furent pour la plupart recrutés dans nos rangs. Les 4e et 5e bataillons firent partie de l'armée de la Nièvre, sous les ordres des généraux de Pointe de Gévigny et du Temple.

23 septembre. — Rien n'était prêt pour recevoir le régiment à son arrivée à Orléans ; les hommes furent logés chez l'habitant ; ils recevaient alors un franc par jour, pour subvenir à tous leurs besoins ; mais le pain manquant chez tous les boulangers, quatre compagnies du 3e bataillon, arrivées la veille à marches forcées de Château-Chinon et embarquées à Cercy-la-Tour, sans avoir pu s'en procurer, eurent à souffrir de la faim dès le premier jour de l'entrée en campagne.

Les commandants de Veyny et de Savigny furent mandés chez le général de Polhès ; ce dernier, arrivé la veille, était chargé d'organiser la défense d'Orléans, menacé par un corps allemand détaché de Paris.

Les généraux de brigade Bertrand et Faye commandaient, sous ses ordres, ce qu'on appelait pompeusement l'Armée de la Loire. A cette époque et en y comprenant les régiments de la Nièvre et du Cher, il y avait, devant Orléans, dix mille hommes à peine.

A leur retour, nos commandants nous apprirent qu'une compagnie de tirailleurs algériens s'était laissée surprendre dans la forêt ; on avait des inquiétudes ; nous devions donc nous tenir prêts à marcher.

24 septembre. — Le lendemain, à huit heures (24 septembre), le régiment, y compris le 1er bataillon arrivé dans la nuit, était réuni sur le Mail ; l'ennemi n'ayant fait aucun mouvement sérieux, nous reçûmes l'ordre de séjour.

24-25 septembre. — Les journées du 24 et du 25 furent consacrées aux revues d'armes et d'équipement ; le régiment toucha des couvertures. Le lycée fut désigné comme ambulance et les médecins du corps s'y établirent. Les fusils qui se trouvaient en mauvais état et qu'on ne pouvait réparer, faute de temps, furent échangés contre les fusils de la garde nationale.

Ces fusils à baguette, modèle 1862, étaient parfaits mais n'inspiraient que peu de confiance aux hommes qui demandaient des chassepots.

Le 25, à sept heures du soir, les officiers du 3ᵉ bataillon étaient réunis à l'hôtel Saint-Agnan ; le colonel entre et leur dit qu'une forte colonne ennemie étant signalée sur la route de Paris, le régiment est désigné pour marcher et prendre ses positions en avant d'Orléans. En un clin d'œil, tout le monde est debout ; on sonne la marche du régiment, les officiers parcourent la ville en appelant aux armes tous les mobiles qu'ils rencontrent et, trois quarts d'heure après, plus de deux mille hommes étaient en bataille sur le Mail. Les retardataires arrivaient de tous côtés, quand parvint l'ordre de faire rompre les rangs et de renvoyer les hommes à leurs logements, en les convoquant pour le lendemain ; les craintes étaient exagérées et rien ne menaçait, pour la nuit du moins.

Le souvenir de cette petite alerte est présent à la mémoire de tous ; j'en ai fait mention ici pour constater seulement jusqu'à quel point l'amour du devoir animait alors ces jeunes gens, arrivés presque tous au premier appel, malgré les difficultés causées par leur dispersion dans les différents quartiers de la ville et l'éloignement de leurs logements. Puisque le mot logement est prononcé, rappelons en passant l'hospitalité que reçurent, à l'évêché d'Orléans, les hommes de la 4ᵉ compagnie du 3ᵉ bataillon pendant les deux séjours que le régiment fit dans cette ville ; les circonstances seules empêchèrent leur capitaine d'aller en remercier le vénérable évêque. La France connaissait en lui le grand orateur, les cruels événements de 1870 lui révélèrent le grand citoyen.

26 septembre. — Le 26, à huit heures du matin, le régiment après avoir reçu du pain pour un jour, prit la route de Paris. Au village de Cercottes, on fit halte sur la lisière de la forêt, en attendant le résultat d'une reconnaissance poussée en avant par des dragons et des hussards, soutenus par des mobiles du Loiret (commandant de Rancourt). On se préparait à abattre des vaches dont le colonel avait ordonné l'acquisition, quand l'ordre arriva de reformer les rangs. Trois compagnies du 2ᵉ bataillon furent envoyées en avant dans la direction de la Croix-Briquet ; le reste du régiment, appuyé au bois, faisait face au chemin de fer.

A trois heures, nous voyons arriver les hussards et les dragons ramenant leurs blessés et deux cuirassiers blancs prisonniers; chargés par une cavalerie supérieure en nombre, ils avaient dû se replier sur les mobiles du Loiret qui, ouvrant alors un feu bien nourri, avaient forcé les cuirassiers allemands à la retraite.

Ces jeunes mobiles nous reviennent bientôt enthousiasmés de leur succès. Malgré cela, le général de Polhès, sur des renseignements exagérés peut-être, ordonna un mouvement en arrière et le régiment, suivant la voie ferrée, vint bivouaquer devant Orléans, au petit village de la Montjoie. Pendant près d'une heure, nos jeunes soldats avaient cru à l'imminence d'un engagement ; ils s'étaient montrés calmes, fermes et résolus. Pourquoi fallait-il que dès le premier jour on nous parlât de retraite ? Hélas, nous devions entendre bien souvent répéter ce mot.

27 septembre. — Pendant la nuit du 27, l'évacuation de la ville fut décidée en conseil de guerre et à trois heures du matin, nos avant-postes relevés, nous nous mîmes en route et traversâmes Orléans avant le jour, dans le plus grand silence. La gendarmerie et les autorités militaires avaient quitté la ville avant nous.

28 septembre. — A la pointe du jour, nous étions sur la rive gauche de la Loire; nous fîmes halte à Cléry et couchâmes à Lailly. Le lendemain les trois bataillons furent cantonnés séparément dans les villages de Vineuil, Saint-Claude et Montlivault.

29-30 septembre. — Le 29, séjour à Montlivault ; le 30, marche sur Blois. Entrés dans cette ville à cinq heures du soir, nous y trouvons l'ordre de nous rendre à la gare. Le 1ᵉʳ bataillon part le soir même ; les deux autres, le lendemain.

1ᵉʳ octobre. — Le 1ᵉʳ octobre, à trois heures, nous rentrions à Orléans, en chemin de fer ; il y avait quatre jours que nous avions quitté cette ville à pied.

Ainsi se termina cette première partie de la campagne que les hommes appelèrent plaisamment campagne de Cercottes.

2 3 octobre. — Les journées des 2 et 3 octobre furent employées à fournir le régiment des effets de campement et d'équipement qui lui manquaient. Les hommes furent exercés à la cible, et le tir de ces soldats improvisés fut remarquable.

4 octobre. — Le 4, dans l'après-midi, nous fûmes dirigés sur la forêt ; les 1ᵉʳ et 2ᵉ bataillons occupèrent Ormes et Sarans ; le 3ᵉ Montaigu. Là, commença, pour les mobiles, le véritable apprentissage de la vie en campagne. Campés pour la première fois, ils durent apprendre à dresser leurs tentes, à faire leur cuisine ; enfin à se suffire à eux-mêmes. L'Administration, manquant de gamelles et de bidons, avait mis à notre disposition d'immenses chaudières de fonte, et il fallait une voiture par bataillon pour transporter cette incommode batterie de cuisine.

5-6 octobre. — Le 5 se passa à Montaigu ; le 6, nous touchâmes des fusils chassepot rapportés de Bourges, par les lieutenants Fournier et d'Espeuilles. A cette époque, l'incurie de l'Administration était telle, que pas un employé, pas un officier d'intendance, n'assista à cette livraison. Les fusils à baguette et les cartouches furent déposés dans la plaine d'Ormes et personne ne les reçut. Les officiers du 12e mobiles furent obligés de faire placer eux-mêmes, dans les caisses des cartouches chassepot, les cartouches des fusils réformés, et de faire visser ces caisses par leurs hommes.

6 octobre. — Le 6 octobre au soir, nous entendîmes pour la première fois le canon, sur notre droite, dans la direction de Paris. Nous apprîmes le lendemain qu'un engagement assez sérieux avait eu lieu à Toury, dans lequel le commandant Loysel et le lieutenant de Bourgoing des chasseurs à cheval avaient été grièvement blessés.

7 octobre. — Le 7 au matin, le régiment tout entier quitta ses positions, et traversant Gidy et Chevilly, alla camper en avant du village d'Artenay, à cheval sur la route de Paris ; le soir même, nous y fûmes rejoints par deux pièces de canon, mises à la disposition de notre colonel.

8-9 octobre. — Les journées du 8 et du 9 furent employées à exercer les hommes à la manœuvre du chassepot. Le 9, au soir, le colonel de Bourgoing reçut, de ses éclaireurs et de ses espions, les nouvelles les plus alarmantes : de nombreux corps de cavalerie étaient signalés à Outarville, Janville et Angerville.

Le lieutenant d'artillerie, commandant la section qui nous accompagnait, reçut de ses chefs directs l'ordre de rentrer à Orléans. Le colonel, trouvant notre position aventurée, fit lever le camp à la nuit tombante et porta le régiment en arrière d'Artenay. Le 3e bataillon formant l'arrière-garde bivouaqua à la Croix-Briquet ; les 1er et 2e rétrogradèrent jusqu'à Chevilly. Le lieutenant d'Espeuilles fut envoyé à Orléans pour rendre compte de la situation au général de la Motte-Rouge qui venait de prendre le commandement des forces réunies sur la Loire.

Combat d'Artenay.

10 octobre. — Le 10 au matin, nos avant-postes signalèrent un régiment de lanciers arrivant de Pithiviers. Ce corps avait marché toute la nuit et avait ordre de cantonner au hameau de Creuzy. On indiqua le chemin au colonel, qui partit pour se rendre au poste qui lui était assigné. Ses chevaux n'étaient certes pas débridés, qu'un coup de canon, parti des lignes ennemies en avant d'Artenay, nous apprit que, cette fois, nous allions prendre part à un véritable combat. Le colonel de Bourgoing arrive bientôt, amenant avec lui les 1er et 2e bataillons, les deux canons revenus dans la matinée d'Orléans et deux compagnies de tirailleurs algériens, débris échappés du désastre de Sedan.

Le général de cavalerie Reyau passe au même moment avec un régiment de dragons et prend le commandement supérieur. Il place la cavalerie à la gauche de la route d'Orléans à Paris, la droite appuyée à la route, la gauche au château d'Auvilliers ; le 12e mobiles occupe d'après ses ordres la voie ferrée parallèle à la route. Deux compagnies du 3e bataillon, les 2e et 4e, passent le chemin de fer et prennent position dans un petit bois situé sur la droite, avec mission de soutenir les tirailleurs algériens et les chasseurs à pied qui occupent Artenay et ont ordre d'évacuer le village en combattant ; ces deux compagnies doivent aussi veiller à ce qu'aucun corps ne vienne déborder notre droite, dans la direction de Bussy-le-Roi. La 7e compagnie du 3e bataillon devait appuyer et soutenir les deux compagnies désignées ; le reste du régiment occupait la voie ferrée dans l'ordre suivant, en regardant l'ennemi : 1re, 3e, 5e et 6e compagnies du 3e bataillon, 1er bataillon, 2e bataillon.

Détaché du régiment, dès le commencement de l'action, l'auteur de ces notes ne peut parler que par ouï-dire, de ce qui s'est passé derrière et à côté de lui, il profite de l'occasion pour s'excuser devant ses camarades des inexactitudes involontaires qui ont pu se glisser dans ce récit.

Les deux pièces qui venaient d'arriver d'Orléans, mises en batterie entre le chemin de fer et la route, engagent le feu par dessus notre tête ; l'ennemi riposte immédiatement et dix minutes après le premier coup de canon, les deux pièces étaient démontées et le lieutenant qui les commandait tué. Le tirailleurs ennemis débouchent alors d'Artenay, en poussant devant eux les chasseurs qui défendent ce village depuis le matin. Le capitaine de Noury, sortant du bois avec la 1re compagnie, se porte à leur secours et, abritant ses hommes dans un fossé et derrière de grands arbres, commence un feu violent qui arrête un instant les progrès de l'ennemi ; il est bientôt rejoint par des tirailleurs isolés, turcos et chasseurs qui crient (1) : « Vivent la Mobile. »

Pendant ce temps, la 2e section de la 2e compagnie et la 4e tout entière conservaient, dans le bois, les positions qui leur avaient été assignées. Quelques cavaliers allemands s'étant montrés dans la plaine sur la droite, les turcos, qui ne peuvent résister au désir de faire parler la poudre, saluent ces éclaireurs de quelques coups de fusil hors de portée ; notre position était ainsi découverte et la réponse ne se fit pas attendre. Un ouragan de fer s'abattit sur le bois ; le sergent-major Saclier, le caporal Lamy et le mobile Lamartine, dans la 2e ; le caporal Briffault et le mobile Marillier, dans la 4e, furent mis hors de combat. Ce furent les premiers blessés de la campagne.

Nos jeunes mobiles, qui voyaient le feu pour la première fois, furent admirables de sang-froid ; ils restèrent près d'une demi-heure l'arme au bras, sous un feu épouvantable, sans la moindre marque d'émotion. Le capitaine de la 4e, ennuyé de recevoir le feu de l'ennemi sans pouvoir répondre, s'apprêtait à rejoindre le capitaine de Noury, quand ce dernier revint, son képi percé et la tête labourée par une balle ; il ramenait avec lui sa 1re section, mêlée aux débris des turcos et des chasseurs, qui se repliaient en bon ordre, après avoir brûlé leurs dernières cartouches.

Un sous-lieutenant commandait les turcos ; le capitaine et le lieutenant de sa compagnie avaient été tués. Il prit sur lui de faire sonner la retraite, en disant aux officiers de mobiles : « Messieurs ! quand les turcos s'en vont, vous pouvez en faire autant. En retraite et en bon ordre. »

Les deux compagnies sortant alors du bois, gagnent la ligne du

---

(1) Après le combat d'Artenay, les tirailleurs algériens allèrent se reformer à Nevers ; ils y parlèrent avec éloge de la conduite de la Mobile de la Nièvre ; ils exprimaient leur enthousiasme dans leur singulier langage en disant : « Bons Mobiles. »

chemin de fer, où elles retrouvent la 7ᵉ compagnie du 3ᵉ bataillon, qui elle aussi avait beaucoup souffert. Presque au même moment, notre cavalerie, qui était décimée par les obus, faisait un mouvement en arrière.

Le colonel de Bourgoing ordonna la retraite, en recommandant aux commandants de compagnies d'abriter leurs hommes derrière les talus du chemin de fer et de se retirer en combattant ; la 7ᵉ compagnie prit la gauche de la colonne.

L'ennemi profite de l'abandon du petit bois et de la retraite de la cavalerie ; il établit des batteries sur notre droite et sur notre gauche et ouvre sur nous un feu convergent. La ligne ferrée et la route par laquelle se retire les dragons sont couvertes de projectiles ; les poteaux télégraphiques sont renversés ; nous jonchons, de nos morts et de nos blessés, le chemin de fer et la route. A ce moment un bataillon de chasseurs, arrivé à marche forcées d'Orléans, vient nous soutenir ; le chef de bataillon Antonini, qui le commande, déploie ses hommes le long du chemin de fer, rallie à lui les mobiles, les turcos et les chasseurs et, faisant remarquer au lieutenant d'Assigny, de la 7ᵉ, une masse noire qui débouche du côté de Bucy : « Voilà la cavalerie, dit-il, tout le monde couché, mettez la hausse à cinq cents mètres et laissez arriver. » Les chasseurs, les turcos, la 7ᵉ compagnie et la 2ᵉ section de la 4ᵉ, se couchent alors le long du talus et quand les cavaliers allemands arrivent à quatre cents mètres, ils sont reçus par un feu roulant qui leur tue beaucoup de monde ; ils font demi-tour et vont se reformer derrière leur artillerie. Cette diversion permet aux compagnies d'arrière-garde de reprendre leur marche ; s'aidant habilement des difficultés du terrain et des talus du chemin de fer, elles arrivent sans perdre trop de monde au village de Chevilly. Pendant ce temps, la 5ᵉ compagnie du 3ᵉ bataillon, qui avait voulu retraiter par la route, avait perdu un tiers de son effectif ; le capitaine Chartenet qui la commandait avait été grièvement blessé et était tombé au pouvoir de l'ennemi. Le 1ᵉʳ bataillon avait eu aussi à subir une charge de cavalerie ; le commandant de Pracomtal l'avait brillamment repoussée, mais les lieutenants de Certaines et de Bréchard avaient disparu ; nous sûmes depuis qu'ils étaient prisonniers, ainsi que le chef de fanfare Rabion.

A Chevilly, on mit un peu d'ordre dans la colonne et la retraite continua par la ligne de chemin de fer jusqu'à Cercottes, où l'appel fut fait dans chaque compagnie. La mobile du Cher, placée en réserve, prit notre place entre Chevilly et Cercottes.

Le régiment reçut l'ordre de bivouaquer à la Montjoie ; c'était la seconde fois, depuis le commencement de la campagne. Le 3ᵉ bataillon, qui avait le plus souffert, fut placé en arrière. A minuit, nous reçûmes du pain d'Orléans

Combat d'Orléans.

11 octobre. — Le 11 octobre, à sept heures du matin, le colonel rassembla les commandants de compagnies et leur annonça que, l'ennemi étant en forces, on abandonnait Orléans.

Les 2ᵉ et 3ᵉ bataillons devaient soutenir la retraite, pendant que le 1ᵉʳ défilerait Le point de réunion était Sandillon ; en conséquence, le 1ᵉʳ bataillon s'ébranla le premier par la route, escortant les bagages et les blessés. Les 2ᵉ et 3ᵉ furent placés en bataille à droite et à gauche du village.

Quelques coups de canon, partis des avant-postes ennemis, nous annoncèrent bientôt que l'action était commencée. Le régiment du Cher, laissé dans la forêt, avec une compagnie de zouaves pontificaux (capitaine Le Gonidec) attaquée par des forces supérieures, dut se replier, non sans laisser bon nombre de morts et de blessés dans la forêt (1).

Les 2ᵉ et 3ᵉ bataillons, suivant les ordres donnés le matin, prirent la voie ferrée et se dirigèrent sur Orléans ; des tirailleurs furent placés dans les vignes, à droite et à gauche du chemin de fer, pour protéger les flancs de la colonne ; plusieurs d'entre eux y furent tués ou blessés, entre autres l'adjudant Reullon. A la gare d'Orléans, le général Borel, chef d'état-major de l'armée, voyant ces deux bataillons en bon ordre, leur fit compliment de leur combat de la veille, et s'adressant aux commandants de Savigny et de Veyny, leur demanda un dernier effort pour laisser au matériel d'artillerie le temps nécessaire pour passer la Loire. Le 2ᵉ bataillon retourna jusqu'à la gare des Aubrais, et là, soutenu par deux bataillons de la légion étrangère (colonel de Jouffroy),

---

(1) La compagnie de zouaves pontificaux, arrivée de Rome depuis deux jours, et comptant 120 hommes à peine, fut héroïque dans cette journée ; elle soutint pendant deux heures l'effort d'un ennemi supérieur en nombre et lui fit éprouver des pertes sensibles. Elle perdit plus d'un tiers de son effectif.

il supporta de trois à sept heures tout l'effort de l'infanterie bavaroise. Le commandant Arago, de la légion étrangère, y fut tué, ainsi que le capitaine Josserand, le lieutenant de Couvelaire de Rougeville, l'adjudant Bramard, le sergent-major Ollier, du régiment de la Nièvre. Les capitaines Pétry, Paul et Ludovic Tiersonnier, les lieutenants Soucques et du Colombier se firent particulièrement remarquer dans ce combat, qui fit le plus grand honneur au 2e bataillon et à son commandant de Savigny. Ce bataillon partagea, avec la légion étrangère, l'honneur de quitter le dernier la ville ; il n'abandonna la gare des Aubrais, réduite en flammes, qu'à la nuit tombante et quand toute résistance fut devenue impossible. Pendant ce temps, le 3e bataillon occupait la porte Bannier ; le chemin de fer d'Orléans à Blois lui servait de ligne de défense.

Un bataillon de chasseurs et un bataillon d'infanterie furent envoyés dans les vignes par le général de la Motte-Rouge, qui se porta lui-même à la porte Bannier avec tout son état-major.

Bientôt, les premiers tirailleurs allemands parurent dans les vignes, le feu de l'artillerie se rapprocha ; un obus, dirigé probablement sur l'état-major, éclata en tête de la 4e compagnie.

Quatre hommes roulèrent ensanglantés aux pieds du général. Une certaine émotion se manifesta dans les rangs, mais grâce à l'énergie et au sang-froid du sous-lieutenant de Thé, l'ordre fut bientôt rétabli ; les hommes furent déployés en tirailleurs et abrités derrière les talus du chemin de fer, de façon à offrir le moins de prise possible aux projectiles.

M. Genty, ancien préfet de la Nièvre, n'avait pas hésité à se rendre lui-même au plus fort du danger. Les blessés furent enlevés et transportés par ses soins à l'hôpital d'Orléans ; ils devaient malheureusement succomber tous les quatre aux suites de leurs blessures. A cette occasion, M. Genty permettra à l'un de ses anciens administrés de lui payer le tribut d'éloge et de reconnaissance qui lui est dû.

Les obus ennemis passant par dessus nos têtes, commençaient à éclater sur Orléans ; plusieurs projectiles étaient tombés sur le Mail, sur l'hôtel Saint-Aignan et sur l'église Saint-Paterne.

Le général La Motte-Rouge, ne voulant pas exposer la ville à un bombardement, ordonna la retraite ; le but qu'il s'était proposé était atteint, et nous pouvions partir. On rangea les hommes sur deux files, le long des maisons, pour leur épargner autant que possible le danger des obus qui éclataient sur le pavé, et en suivant le faubourg Bannier, la rue Bannier et la rue Royale, nous évacuâmes Orléans en bon ordre.

Le soir, à sept heures, nous arrivions, harassés, à Sandillon. Ce village était encombré de troupes qui avaient quitté Orléans avant nous. Le colonel poussa jusqu'à Jargeau, tous les hommes furent logés chez l'habitant (1). Tels furent les deux combats du 10 et du 11, si honorables pour notre jeune régiment.

12 octobre. — Le 12 au matin, le colonel, pour éviter l'encombrement des routes, se décide à prendre par la Sologne, et après avoir traversé Tigy, nous arrivons à la nuit tombante au village de Cerdon. Là, le plus gracieux et le plus sympathique accueil nous fut fait ; nos hommes furent logés chez l'habitant, et tout nous faisait espérer une nuit tranquille, quand, à minuit, arrive un bataillon d'infanterie ; son commandant demande à parler au colonel du 12e mobiles, et lui dit que des forces ennemies très considérables étaient signalées à Vannes, village situé à trois lieues sur notre droite. Le colonel, sur ces renseignements erronés, n'osa pas prendre la responsabilité d'un séjour plus long dans le village, et à une heure du matin, nous partions pour Châtillon-sur-Loire. Nous devions attendre, dans cette petite ville, les ordres du général Martin des Pallières, appelé au commandement de la 1re division du 15e corps, dont on hâtait la formation.

Le 12, au soir, après une halte dans le village d'Autry, le régiment arriva à Châtillon-sur-Loire ; les hommes furent cantonnés ; chaque habitant se disputa le plaisir de les loger et de les nourrir. Ces braves gens ont bien mérité la reconnaissance des Nivernais (2).

13, 14 et 15 octobre. — Les journées des 13, 14 et 15 octobre furent passées à Châtillon-sur-Loire à compléter et à remplacer l'équipement des hommes ; des vareuses, des pantalons, des souliers furent dis-

---

(1) Les rapports officiels allemands portent à 45.000 hommes et à 160 bouches à feu les forces auxquelles nous eûmes affaire. Le 10, à Artenay, nous étions 6.000 hommes à peine ; le 11, à Orléans, nous n'étions pas 5.000. Les pertes de l'armée allemande, dans les deux journées, furent de plus de 13.000 hommes. — (Lettre de l'aumônier bavarois Gross. publiée dans les journaux du Loiret.)

(2) M. Amédée Achard, chez lequel le colonel et les officiers supérieurs étaient logés, à Cerdon, a publié, dans la *Revue des Deux-Mondes* du 15 décembre 1871, une charmante nouvelle, intitulée l'« Alerte », et dont notre passage et notre départ précipité lui ont fourni le sujet ; les portraits de nos officiers, du turco qui nous accompagnait y sont d'une ressemblance frappante. Que le spirituel écrivain reçoive en passant nos remerciements pour les choses flatteuses qu'il a dites de nous. Je ne puis que conseiller à tous nos camarades la lecture de sa délicieuse nouvelle.

tribués à ceux qui en avaient le plus pressant besoin. Les malades et les blessés qui avaient pu suivre furent dirigés sur Nevers ; là aussi, nous fûmes rejoints par quelques mobiles égarés dans la forêt et dans la ville d'Orléans pendant les affaires du 10 et du 11 (1).

Les vacances des cadres furent comblées ; les exercices furent fréquents. Le régiment était donc dans de fort bonnes conditions quand, le 16, il reçut l'ordre de partir pour Argent, où se formait la 1re division du 15e corps.

A partir de ce jour, nous fîmes partie de la 1re brigade (de Chabron) de la 1re division (Martin des Pallières) du 15e corps (d'Aurelle de Paladines). La 1re brigade était ainsi composée dès le début :

38e de ligne : lieutenant-colonel Courtot (2). — 1er zouaves de marche : lieutenant-colonel Chauland. — 12e mobiles (Nièvre) : lieutenant-colonel de Bourgoing. — 1er bataillon de mobiles de la Savoie : commandant Costa de Beauregard (détaché à Gien).

3es bataillons des 2e, 3e et 4e régiments d'infanterie de marine, formant régiment de marche sous les ordres du lieutenant-colonel Coquet.

La 2e brigade (général Bertrand) occupait Aubigny.

Le général d'Aurelle de Paladines, commandant en chef le 15e corps, et le 16e en formation, avait son quartier général à Salbris.

Dès le premier jour de notre arrivée à Argent, sous l'énergique impulsion du général en chef, puissamment secondé par les généraux des Pallières et de Chabron, l'armée, composée d'éléments si divers et si peu exercés, prit un aspect excellent.

Les cours martiales siégèrent régulièrement ; des exemples sévères et nombreux ramenèrent la discipline parmi les régiments de marche.

Chez les mobiles, l'indiscipline était rare ; de ce jour elle disparut.

Leur exactitude dans le service des grand'gardes, leur bonne volonté pendant les manœuvres d'ensemble auxquelles ils prirent part, leur valurent les éloges du général de Chabron. On connaissait, dans la division, les efforts tentés par nous devant Orléans ; le héros de

---

(1) Le lieutenant Soucques, du 2e bataillon, avait été séparé du régiment au moment de l'évacuation de la gare des Aubrais. Ne connaissant pas le point de retraite, il prit la route de La Ferté-Saint-Aubin, rallia à lui une trentaine d'isolés, les fit vivre pendant trois jours et nous rejoignit à Châtillon avec ses hommes en excellent ordre. Il montra en cette circonstance la plus grande intelligence.

(2) Le 38e de ligne, vieux régiment arrivant d'Afrique, était admirablement commandé, la discipline y était parfaite, on pouvait le citer comme un modèle.

Palestro, si bon juge en fait de bravoure, en tint compte à ces jeunes soldats.

A Argent, le régiment reçut les vivres de campagne ; les officiers s'initièrent aux services des distributions ; les immenses et incommodes marmites furent échangées contre les gamelles et les bidons réglementaires.

La dernière quinzaine d'octobre, passée tout entière au camp d'Argent, fut employée à de nombreux exercices, et à des reconnaissances poussées dans la direction de Sully. Ces reconnaissances avaient pour but d'habituer les troupes aux longues marches, et de faire sentir notre présence à l'ennemi. Chaque jour, des prisonniers étaient ramenés au quartier général.

C'est aussi à Argent que nous fûmes rejoints par nos médecins et notre aumônier, séparés de nous depuis le combat d'Artenay.

Au commencement de la journée du 10 octobre, ils avaient établi leur ambulance au hameau de la Croix-Briquet, et nos premiers blessés y avaient été transportés. Bientôt le village de la Croix-Briquet devint le centre de la résistance, la maison qui servait d'ambulance avait été criblée d'obus malgré la croix de Genève qui aurait dû la protéger. La cavalerie allemande y pénétra, poussant et sabrant nos pauvres soldats débandés. Le digne abbé Cachet courut les plus grands dangers ; menacé ainsi que le docteur Dézautières, par ces soldats ivres de leur victoire, il ne dut la vie qu'à l'intervention d'un officier supérieur bavarois. Ils passèrent une nuit affreuse au milieu de morts et de blessés, et assistèrent navrés au triomphe de nos ennemis.

Au bout de quelques jours, les blessés pansés, les morts enterrés et les malades consolés, ils pensèrent à nous rejoindre. Voyant que les généraux allemands trouvaient fort agréable de leur faire soigner leurs malades et supposant, non sans raison, que nous avions grand besoin d'eux, ils se décidèrent à fuir. Guidés par un paysan, ils traversèrent la forêt et, laissant Orléans sur la droite, purent rejoindre les avant-postes français aux environs de Gien, après une marche de près de trois jours. Leur arrivée fut une joie pour tous. Indépendamment du besoin que nous avions de leur ministère, tout le monde était heureux de revoir notre bon aumônier si sympathique à tous ; nos excellents médecins Comoy et Dézautières, si dévoués aux soldats, si bons camarades.

Au camp d'Argent, nous perdîmes le capitaine de Saint-Vallier appelé au commandement du 4ᵉ bataillon en formation à Nevers. Il emmena plusieurs officiers du régiment, et les vides par leur départ furent comblés au moyen de nouvelles promotions.

2ᵉ Période.

30 octobre. — Le dimanche 30 octobre au soir, tous les officiers furent réunis par le colonel, et on leur annonça que l'armée, sortant de son inaction, allait marcher en avant.

La division des Pallières devait passer la Loire à Sully, tourner la forêt d'Orléans, prendre l'ennemi en flanc sur sa gauche, pendant que les troupes du général d'Aurelle l'attaqueraient en face et sur sa droite. Des ordres sévères et minutieux furent donnés relativement à la marche des colonnes ; une compagnie devait toujours être détachée en flanqueurs, pour éclairer la marche et prévenir les surprises. Une voiture régimentaire fut allouée à chaque bataillon ; toutes les autres furent supprimées ; mesure fort sage dont nous devions bientôt reconnaître l'utilité.

31 octobre. — Le 31, à cinq heures du soir, la division campa à l'entrée de la ville de Sully, et le lendemain 1ᵉʳ novembre, à la pointe du jour, les têtes de colonne passèrent la Loire sur le pont suspendu. Le pont ayant été miné, on avait dû prendre des précautions ; chaque compagnie passait isolément en rompant le pas.

La moitié de la division avait franchi la Loire, quand l'ordre arriva de rétrograder. Le soir, à sept heures, et par une pluie battante, nous reprenions, à Argent, notre ancien campement. Ce contre-ordre, qui eut sur la suite de la campagne la plus désastreuse influence, fut causé par le passage de M. Thiers dans les lignes françaises.

Revenant de Russie, et se rendant à Paris pour y négocier un armistice, il crut devoir mettre le général en chef au courant de l'objet de sa mission et lui annoncer en même temps la capitulation de Metz, que personne en France ne connaissait encore. La gravité de ces deux nouvelles était telle que le général d'Aurelle suspendit le mouvement. Nous ne connûmes ces raisons que beaucoup plus tard.

2, 3, 4, 5, 6, 7 et 8 novembre. — Les journées des 2, 3, 4, 5 et 6 novembre furent passées à Argent. Le régiment y reçut quelques recrues envoyées du dépôt, et le 6 au soir, on annonça que le projet abandonné huit jours auparavant était repris. En conséquence, le 7 novembre au matin, la division, mise en marche sur trois colonnes, fut dirigée sur Sully, où elle campa le soir. Le lendemain, 8 novembre, on passait la Loire et, marchant avec la plus grande précaution, on campait à Châteauneuf-sur-Loire.

Le général Von-der-Thann, instruit de notre marche, avait quitté Orléans le matin, et offert le combat à l'armée du général d'Aurelle. Le général des Pallières, ignorant le résultat de l'affaire engagée devant lui, et désirant s'assurer la possession de la ville, dirigea ses colonnes dans la direction du canon, de façon cependant à se placer entre l'ennemi et Orléans dans le cas où le combat nous étant défavorable, le général allemand tenterait de réoccuper cette ville.

Pendant cinq heures, nos jeunes soldats, électrisés par le bruit du canon et de la fusillade, qui bientôt arriva jusqu'à nous, marchèrent sans s'arrêter et dans le plus grand ordre ; aucun traînard ne se détacha de la colonne. La nuit vint malheureusement nous surprendre dans le village de Fleury-aux-Choux, l'un des faubourgs d'Orléans. Nous étions encore à plus de trois lieues du champ de bataille ; les troupes bivouaquèrent à Fleury.

Telle fut pour nous la journée du 9 novembre, si glorieuse pour nos armes, et à laquelle nous aurions pu prendre une grande part, sans l'habileté du général bavarois, qui offrit le combat un jour avant notre arrivée possible sur le champ de bataille ; nous n'avions entendu que de loin le canon de Coulmiers.

Le soir même, le colonel de Bourgoing, malade, et qui avait eu le courage de rester à cheval toute la journée, quitta le commandement du régiment et le remit au commandant de Veyny, du 3e bataillon.

10 novembre. — A deux heures du matin, deux compagnies du 2e bataillon furent désignées pour entrer dans Orléans, et y recevoir les armes d'un escadron de cuirassiers blancs, qui avait refusé de se rendre à la garde nationale. A la pointe du jour, le commandant Costa, des mobiles de la Savoie, entra seul de sa personne dans Orléans : c'était le premier uniforme français vu depuis un mois. L'enthousiasme fut grand, le cheval et le cavalier furent littéralement couverts de fleurs.

A huit heures, le régiment, sans entrer en ville, gagna la grande route d'Orléans à Paris. En quittant le village de Fleury, nous saluâmes avec émotion les tombes des mobiles de la Nièvre tombés au combat du 11 octobre ; quelques croix de bois ; les noms du capitaine Josserand, du lieutenant de Couvelaire, de l'adjudant Reullon ; le drapeau français surmontant un tertre de terre fraîchement remuée, rappelaient l'héroïsme de nos braves camarades ; leur mort n'avait pas été sans gloire. A côté d'eux, sur un tertre plus grand du double, le drapeau bavarois, quelques inscriptions en allemand sur de simples croix de bois, nous indiquaient la tombe des Allemands qu'ils avaient combattu (1).

10 novembre. — Le 10, à deux heures du soir, la tête de colonne entrait à Chevilly, précédée par la cavalerie qui fit en route de nombreux prisonniers ; partout le chemin était jonché de casques et d'armes brisées, témoignage de la vivacité de la poursuite. Nous avions revu, en passant, le faubourg Bannier, dont les maisons lézardées et criblées de balles nous rappelèrent la lutte suprême du 11 octobre ; puis la Montjoie, où nous passions pour la troisième fois, et où nous fûmes reconnus et acclamés par les habitants.

A Chevilly, la brigade bivouaqua en avant du village à droite et à gauche de la route de Paris ; une pluie fine et froide, qui se changea bientôt en neige, ne cessa de tomber pendant toute cette journée ; les hommes étaient fatigués des deux marches qu'ils venaient de faire ; le campement, dans un champ boueux et détrempé par les pluies, était mauvais, aussi beaucoup de malades à la visite du matin.

Le 12, on reçut l'ordre de séjour ; le commandant de Veyny, après en avoir référé au général de division, fit porter le camp à la droite du village, près de la ferme du Grand-Chêne ; le terrain y était plus sain, et la proximité de la forêt rendait l'approvisionnement du bois très facile.

12, 13, 14, 15, 16, 17, 18, 19, 20, 21, 22, 23 et 24 novembre. — Les journées du 12 au 24 novembre furent passées au camp de Chevilly ;

---

(1) Le conseil municipal d'Orléans, sur la proposition de M. Lacombe a eu la généreuse pensée d'élever, au lieudit « la Sablière », un monument en l'honneur des soldats, tués le 11 octobre, à la défense des faubourgs. Les noms de tous les corps qui ont pris part à cette héroïque défense sont inscrits sur l'une des faces du monument. Les 2e et 3e bataillons de la Nièvre y figurent ; c'est un grand honneur pour notre pays, et nous en remercions vivement les municipalités et les habitants d'Orléans et de Fleury.

les hommes étaient bien établis sous la tente et régulièrement exercés ; des grand'gardes furent fournies par le régiment aux fermes du Grand-Chêne, de Nogent et de Creuzy. La plus active vigilance était observée dans ces grand'gardes, visitées chaque jour par un officier supérieur de la brigade.

Les officiers du 12e mobiles furent constamment en rapport avec les officiers des autres corps de la bigade, et lièrent avec ces derniers une confraternité d'armes dont ils n'eurent qu'à se louer et dont le souvenir leur est fort précieux.

Pendant ce séjour, le temps ne fut pas perdu ; Chevilly et les villages environnants furent entourés d'une ligne de tranchées creusées par les hommes de corvée ; un officier du régiment était détaché chaque jour pour la direction de ce travail. On arma ces tranchées avec des canons de marine amenés, par le chemin de fer, des ports de l'Océan. Ces pièces furent servies par les équipages de la flotte. La position des villages environnants fut relevée par des officiers d'état-major, auxquels furent adjoints des officiers de mobiles, qui eurent l'ordre de rendre compte de leur travail au général de division.

Le dimanche 20 novembre, le 1er régiment de zouaves de marche, campé près du château de Chevilly, fit célébrer, dans la cour du château, une messe militaire à laquelle fut convié le 12e mobiles ; l'abbé Ortola, aumônier divisionnaire, officia, assisté des aumôniers de la Nièvre et de la Savoie ; deux zouaves décorés servirent cette messe, à laquelle présidèrent les généraux des Pallières et Minot. Des députations de tous les corps et tous les officiers de la brigade qui n'étaient pas de service y assistèrent (1).

24 novembre. — Le 24, le commandant de Veyny, malade, dut remettre le commandement du régiment au commandant de Pracomtal ; le capitaine Dumas prit le commandement du 3e bataillon.

25 novembre. — Le 25, à dix heures du matin, le camp fut levé ; le capitaine de Saint-Maur, de la 1re du 1er, fut laissé, avec sa compagnie, à la garde des batteries de marine, en attendant l'arrivée de la division Martineau des Chesnez (2e du 15e corps), qui devait nous remplacer. Au

---

(1) Le 19 novembre, le général d'Aurelle fut nommé au commandement en chef de toute l'armée réunie sur la Loire; le général des Pallières le remplaça au 15e corps; il fut lui-même remplacé, à la 1re division, par le général de Colomb arrivant d'Afrique. Le général de Chabron fut appelé à l'armée de l'Ouest et le général Minot prit le commandement de la 1re brigade.

moment où la première moitié de la colonne était déjà engagée dans la forêt, un fort peloton de cavalerie allemande s'avança, presque à portée de fusil, de la gauche du régiment et de la droite du 1er zouaves, qui formait l'extrême arrière-garde ; le capitaine Baratte, adjudant-major de ce régiment, étonné de tant d'audace et ne pouvant croire à la présence de l'ennemi, se porta en avant pour reconnaître à qui nous avions à faire. Il s'approcha tellement qu'il faillit être pris ; le brouillard seul, qui couvrait la plaine, lui permit de s'échapper ; nous le vîmes bientôt revenir en criant : « Aux armes ! ».

Deux compagnies de flanqueurs sont immédiatement détachées de la colonne ; quelques coups de fusil nous débarrassent de ces hardis éclaireurs et nous poursuivons notre marche sans être inquiétés.

Pendant ce temps, le capitaine de Saint-Maur, ayant signalé aux marins de la batterie des mouvements de troupes au delà des villages d'Artenay et de Bucy-le-Roi, une douzaine de coups de canon, bien dirigés sur les masses, les déconcertent et arrêtent leur mouvement. La division Martineau arrive sur ces entrefaites ; la surprise était manquée ; l'ennemi rentre dans ses positions, et la compagnie de Saint-Maur put nous rejoindre le soir à Loury, où nous campâmes, à la nuit tombante, après avoir traversé Saint-Lyé et Rebréchien.

26, 27 novembre. — Le 26 et le 27, séjour à Loury ; le temps, étant très pluvieux, ne permettait pas les mouvements de l'artillerie.

28 novembre. — Le 28, à huit heures du matin, on leva le camp ; le régiment, faisant tête de colonne, prit la route d'Orléans à Pithiviers. Nous avions fait une lieue à peine, quand une violente canonnade se fit entendre sur notre droite ; la colonne, quoique retardée par les abattis et les travaux de défense faits dans la forêt, arriva quelques heures avant la nuit à l'entrée du village de Chilleurs-au-Bois. Le général Minot, attendant des ordres et des nouvelles, fit entrer les hommes sous bois, les plaça en colonne par pelotons, défendit les feux, et prescrivit le plus grand silence. La canonnade continuait plus violente et ne cessa qu'à la nuit. Ordre fut alors donné de bivouaquer sans quitter les positions et de faire la soupe en prenant les plus grandes précautions pour cacher les feux.

29 novembre. — Le 29, à une heure du matin, le régiment, dépassé pendant la nuit par l'infanterie de marine et le bataillon de Savoie, traversa Chilleurs, et, après une marche des plus pénibles, arriva, à huit heures du matin, au village de Courcy, où toute la brigade se trouva réunie. Là, nous apprîmes des nouvelles de la journée de la veille ; le général Crouzat, à la tête du 20e corps, avait attaqué la ville de Beaune-la-Rolande ; après des efforts énergiques, il avait dû rester sur ses positions, sans faire un pas en avant, mais aussi sans faire un seul pas en arrière.

Cette journée, si honorable pour les jeunes troupes du 20e corps, prit le nom de bataille de Beaune-la-Rolande.

A midi, le 3e bataillon reçut l'ordre de retourner à Chilleurs, où il campa le soir en avant du village ; le 2e bataillon resta à Courcy, avec un bataillon du 38e et fut placé sous le commandement supérieur du lieutenant-colonel Courtot, de ce dernier régiment. Le 1er bataillon, avec le commandant de Pracomtal, fut envoyé à Chambon, où il dut renforcer la colonne du colonel Chopin.

30 novembre. — Le lendemain 30, le 3e bataillon, sous les ordres du capitaine Dumas, fut placé en extrême réserve, à cheval sur la route de Chilleurs à Orléans, en arrière du village ; quatre compagnies étaient à la droite de la route, et trois autres à gauche. Nous fournîmes des postes avancés dans la direction du village de Montigny, occupé par l'ennemi. Pendant cette journée, le bruit d'une violente fusillade parvint jusqu'à nous dans la direction de Courcy.

1er décembre. — Le lendemain 1er décembre, le 1er bataillon, laissé l'avant-veille à Chambon, vint nous rejoindre ; il avait été engagé la veille ; après avoir enlevé le village de Nançay, il avait dû l'évacuer ainsi que celui de Chambon et devant des forces supérieures, non sans laisser bon nombre de morts et de blessés sur le champ de bataille. Cette affaire fit le plus grand honneur au 1er bataillon, qui chargea deux fois à la baïonnette

Le commandant de Pracomtal fut mis à l'ordre du jour de l'armée ; le sous-lieutenant Etienne Bonneau du Martray, blessé d'une balle à la joue, tomba entre les mains de l'ennemi.

Le 1er bataillon, bien diminué, campa devant nous, à gauche de la route, près du moulin à vent de Chilleurs ; le 3e ne quitta pas ses positions ; le 2e était encore à Courcy.

2 décembre. — La journée du 2 se passa sans événement important, autre qu'une fusillade d'avant-postes, entre le 1er bataillon de Savoie, campé à notre gauche, près de Neuville-au-Bois, et quelques éclaireurs ennemis.

Combat de Chilleurs-au-Bois (3 décembre).

3 décembre. — A sept heures du matin, on fit aux hommes des distributions de vêtements et de cartouches ; à huit heures, on plia les tentes ; les voitures divisionnaires furent chargées et dirigées sur Orléans. Le 3ᵉ bataillon prit les armes, et conserva, à l'extrémité de la forêt, les positions qu'il occupait depuis deux jours.

Le capitaine Dumas fut mandé près du général en chef ; il revint bientôt avec l'ordre de garder provisoirement nos positions en arrière. Des masses énormes d'infanterie et d'artillerie, sorties de Pithiviers, marchaient sur nous. Un coup de canon, parti des avant-postes de Santeau, donna le signal de l'action ; une violente canonnade s'engagea, à laquelle se mêla bientôt le crépitement de nos mitrailleuses.

Une demi-heure après, la route est envahie par une longue file de voitures ; des francs-tireurs débandés traversent nos lignes ; aucune remontrance, aucune menace ne peuvent arrêter ces fuyards ; ils gagnent la forêt. Derrière eux, et en bon ordre, débouche le 4ᵉ bataillon de chasseurs de marche. Ce brave bataillon avait soutenu, dans les tranchées de Santeau, les premiers efforts de l'ennemi, il se reforme derrière nous, en s'appuyant à la forêt. La route s'encombre de soldats de tous les corps, de voitures et d'artillerie ; le capitaine d'artillerie Zikel passe auprès de nous, les larmes aux yeux ; il a perdu ses caissons, ses servants sont morts ou blessés, mais il a la consolation de ramener toutes ses pièces.

Une batterie allemande, établie au village de Montigny, ouvre alors son feu sur nous. Le général Martin des Pallières fait placer deux pièces sur la gauche de la route, et ordonnant au 1ᵉʳ bataillon de se déployer en tirailleurs, le fait soutenir par les 5ᵉ, 6ᵉ et 7ᵉ compagnies du 3ᵉ bataillon. Nous arrêtons un instant les progrès de l'infanterie ennemie, mais le feu de nos pièces s'éteint. Le général des Pallières, se décidant alors à la retraite, fait passer les zouaves et l'infanterie de marine sur les bas côtés de la route, conserve pour l'artillerie le milieu de la chaussée, et donne l'ordre au 3ᵉ bataillon de la Nièvre de soutenir la retraite jusqu'à ce que l'artillerie fût entièrement passée. Une pluie de projectiles éclate sur le bois ; un capitaine de zouaves retraitant avec sa compagnie est tué à l'entrée de la forêt ; le sergent Caillot, de la 1re compagnie du 1er bataillon, est grièvement blessé. La position devenait critique, les dernières voitures d'artillerie avaient défilé ; le capitaine Dumas commandant le bataillon est séparé de quatre de ses compagnies par l'encombrement de la route, le capitaine de Noury prend le commandement des quatre compagnies de droite ; il reçoit l'instruction du général des Pallières, et se replie quand il voit les dernières voitures d'artillerie engagées sur le chemin. On prend par le bois, le taillis était fourré, les hommes embarrassés de leurs sacs et de leurs armes, on marchait donc fort difficilement.

Une carte de la forêt est mise sous les yeux du capitaine de Noury ; il se décide à prendre l'allée dite de Trainou, qui s'éloignait sensiblement à gauche, mais qui, coupée transversalement par l'allée de Nibelle, devait nous ramener à la route par un chemin plus long, mais incontestablement meilleur. Les quatre compagnies, suivies de quelques détachements de zouaves qui les imitent, prennent donc ce chemin et peuvent, sans être inquiétées, rejoindre la grande route, où elles retrouvent les trois compagnies de gauche, venues par l'autre côté. Les généraux des Pallières et Bertrand reforment les colonnes un peu désorganisées ; le bataillon, précédé des zouaves et de l'infanterie de marine, prend l'allée de Nibelle et rejoint en route le 1er bataillon. A neuf heures du soir et après une marche très pénible dans des chemins labourés, les 1er et 2e bataillons arrivèrent à Saint-Lyé.

Quelle ne fut pas notre joie en retrouvant là le 2e bataillon, séparé de nous depuis quatre jours et sur le compte duquel nous étions très inquiets.

Le lieutenant-colonel Courtot, du 38e de ligne, laissé à Courcy avec deux bataillons, avait compris ce que sa position avait de dangereux ; il sut ramener ses troupes sans encombre par des chemins détournés ; notre 2e bataillon lui doit certainement son salut. Le commandant de Pracomtal reprit le commandement du régiment de nouveau réuni.

Pendant toute notre marche, le canon n'avait cessé de tonner sur la gauche, dans la direction de Chevilly ; une vive fusillade se fit même entendre une heure après la nuit, dans la direction de Neuville. Nous ne connûmes que le lendemain le résultat de ces deux affaires ; à

Neuville, le 1er bataillon de Savoie n'avait évacué le village qu'après une héroïque résistance (1).

A Chevilly, les divisions Martineau et Peitavin avaient soutenu, pendant toute la journée, le choc de l'armée du prince Frédéric-Charles, arrivée de Metz depuis trois jours. Ces deux divisions perdirent la moitié de leur effectif. Pendant la nuit, les généraux firent enclouer les pièces de marine et se replièrent sur Cercottes, et de là sur Orléans.

4 décembre. — Le dimanche 4, à deux heures du matin, on quitta Saint-Lyé, on prit d'abord la direction de Cercottes. Les nouvelles de la bataille de la veille et de la retraite des généraux Martineau et Peitavin modifièrent la direction de la colonne ; on tourna à gauche dans la forêt, et au jour nous fûmes tout surpris de nous trouver dans les faubourgs d'Orléans ; on forma les faisceaux sur le Mail. Le commandant de Veyny, malade encore, était à Orléans ; averti par ses officiers de l'arrivée du régiment, connaissant lui-même la gravité de la situation, il s'habille à la hâte, et malgré son état de souffrance que ne pouvait qu'aggraver un froid de 17°, il monte à cheval et reprend son commandement.

On procède immédiatement aux distributions, défense est faite aux hommes de quitter les faisceaux, et on attend les ordres.

A trois heures, les 2e et 3e bataillons sont envoyés dans les tranchées ; le 1er bataillon, fatigué, reste en réserve sur le Mail. Les deux bataillons se massèrent donc dans les tranchées établies entre la porte de Chilleurs et le faubourg des Aydes, la droite du 2e bataillon touchant Orléans. La gauche du 3e, composée des 4e, 5e et 6e compagnies, était séparée du reste du régiment par un vaste espace réservé au tir d'une batterie de marine ; ces compagnies s'appuyaient, au 29e de marche.

A six heures du soir, le bataillon de Savoie vint nous rejoindre ; après leur brillante affaire de la veille, ces malheureux s'étaient égarés dans la forêt ; ils étaient arrivés depuis une heure à peine, n'avaient pu manger et étaient harassés de fatigue. Leur commandant, les prenant en pitié, leur permit d'entrer dans les quelques maisons qui se trouvaient derrière nous, et il fut convenu, entre lui et les officiers de la Nièvre,

---

(1) Cette affaire fit le plus grand honneur au bataillon de Savoie et à son commandant Costa, ainsi qu'au capitaine de Cordon ; les pertes de l'ennemi, dans cette échauffourée de Neuville, ne furent pas moindre de huit cents hommes. (Rapports officiels allemands.)

que nos hommes veilleraient pour eux pendant la première moitié de la nuit. Le froid était horrible ; on permit aux soldats un peu de feu, peut-être en abusèrent-ils, car deux ou trois obus passant par dessus leurs têtes les rappelèrent à la prudence.

Bientôt cependant, la fusillade que nous entendions sur notre droite et sur notre gauche se calme et la nuit s'annonce tranquille. A dix heures et demie du soir, le commandant Costa, du bataillon de Savoie, reçoit l'ordre d'évacuer les tranchées et de se replier sur Orléans ; ordre semblable est donné au bataillon du 29° de marche, auquel nous nous relions sur la gauche. Trois compagnies restaient donc isolées et séparées du régiment par un espace de près de trois cents mètres. Le capitaine de la 4e fait alors avertir le commandant de Veyny de l'isolement dans lequel il se trouve ; ce dernier n'avait pas d'ordre, mais il prend sur lui de faire rentrer la 3e compagnie du 3e bataillon détachée en grand'-garde. Le sergent Valarché de la 4e est chargé d'avertir cette compagnie ; il remplit cette mission avec courage et dévouement ; c'est à lui que cette compagnie a dû son salut, car elle était rentrée depuis quelques minutes, quand un homme de la 2e, qui s'était égaré dans les vignes, apporta aux troupes détachées l'ordre de rejoindre, ce qu'elles ne purent faire que de l'autre côté de la Loire.

Deux compagnies de zouaves, qui ne furent pas averties à temps, tombèrent au pouvoir de l'ennemi, moins d'un quart d'heure après.

A minuit, l'armée tout entière avait évacué Orléans ; le général de Colomb, qui prenait le jour même le commandement de la 1re division, passa le dernier sur le pont du chemin de fer ; à une heure, l'ennemi occupait la ville. A trois heures du matin, la division bivouaqua à Saint-Cyr-en-Val, au milieu d'une forêt de sapins. Malgré la rigueur de la température (18°) chacun s'endormit, brisé de fatigue et le cœur bien triste.

5 décembre. — Le lundi 5, à sept heures du matin, la colonne se mit en marche et nous rejoignîmes la grande route d'Orléans à La Ferté-Saint-Aubin. Là commence l'encombrement ; les traînards et les fuyards des autres corps couvrent la route, se détachent des autres colonnes et envahissent les fermes et les maisons ; déplorable exemple et spectacle affreux.

Après une halte d'une heure à La Ferté-Saint-Aubin, la 1re brigade, en très bon ordre, se jette à travers champs pour dégager la route et, passant par Menestreau et Vouzon, arrive à La Motte-Beuvron à huit heures du soir, l'encombrement augmente ; la rigueur du froid ne diminue pas. La nuit fut horrible, le peu de pain qui restait aux hommes était gelé. Cette nuit passée à La Motte, troublée par une alerte, peut compter parmi les moments les plus durs de la campagne.

6 décembre. — Le 6, à sept heures du matin, on se met en marche ; à trois heures du soir on arrive à Salbris ; là, on met un peu d'ordre à travers ce désordre ; un campement particulier est affecté à chaque corps, brigade et division. La 1re brigade traverse la ville sans s'y arrêter, et campe sur la route de Salbris à Aubigny, à trois kilomètres au-delà de Salbris. Les distributions se font régulièrement ; les traînards rejoignent, et le lendemain, 7 décembre, la brigade était dans de bonnes conditions Au 3e bataillon pas un homme ne manquait ; beaucoup d'entre eux cependant étaient malades ou blessés par leurs chaussures. Les médecins du corps firent une visite sérieuse, et tous ceux qui furent reconnus incapables de suivre furent mis en chemin de fer et dirigés sur Bourges et Nevers. A trois heures on donna l'ordre de faire la soupe ; on en eut à peine le temps ; une vive fusillade se fit entendre sur nos derrières ; les hommes durent revenir à leurs faisceaux. Nos grand'gardes avaient à soutenir l'attaque d'une forte colonne prussienne qui nous suivait depuis Orléans. Bientôt un obus tomba devant le quartier général

Le général en chef d'Aurelle et le commandant du 15e corps Martin des Pallières venaient de recevoir avis de leur destitution ; ils étaient punis pour avoir été malheureux. Ils organisèrent néanmoins la retraite de leur armée démoralisée par quatre jours de marche et de souffrances inouïes.

La 1re division, laissant quelques compagnies en arrière-garde, prit à six heures du soir la route d'Aubigny. On marcha une partie de la nuit ; nous étions à Aubigny à trois heures du matin. La neige, qui ne cessait de tomber, couvrait la terre ; on dut bivouaquer sur la route d'Argent ; le bois était rare et les souffrances furent grandes.

8 décembre. — A la pointe du jour, la 4e compagnie du 3e bataillon de grand'garde sur la route d'Argent arrêta les pelotons d'avant-garde du 20e corps qui avait passé la nuit à Argent, et se dirigeait sur Bourges par Aubigny. Au 15e corps, personne ne se doutait de la présence de ces troupes dans le voisinage. Après la bataille de Beaune-la-Rolande, ce corps commandé par le général Crouzat, et mis avec le 18e sous les ordres du général Bourbaki, s'était replié sur Bellegarde et sur Gien, avait défendu cette dernière ville et gagnait Bourges pour suivre le mouvement général de l'armée. La journée du 8 tout entière fut passée à Aubigny.

9 décembre. — Le 9, à quatre heures du matin, on se met en route, un verglas affreux retarde notre marche ; les chevaux, les mulets s'abattent à chaque instant ; la route est couverte de cadavres de ces animaux qui n'ont pu se relever ; les hommes même, chargés et fatigués, ont peine à se tenir. Après une halte à La Chapelle-d'Angillon, on arrive à la nuit à Henrichemont ; là les souffrances augmentent, les convois n'ayant pu suivre, on requiert tous les vivres de la ville, sur la route des Aix, la neige qui couvrait la terre ne permettant pas de dresser les tentes.

10 décembre. — Le 10 décembre, à cinq heures du matin, la colonne se mit en marche sur Bourges. Le temps est meilleur et plus doux ; les hommes se réjouissent en voyant dans le lointain les tours de la cathédrale ; ils espèrent trouver dans une grande ville la nourriture et le repos dont ils ont besoin.

Nous étions devant Bourges à cinq heures du soir, les colonnes sont retardées par les fortifications qui avaient été faites contre l'ennemi. La ville était pleine de troupes, le 15e corps arrivant le dernier dut traverser la ville sans s'y arrêter et bivouaquer au milieu des vignes, près du village de La Chapelle-Saint-Ursin. On peut se figurer le désespoir de nos hommes ; sans pain, sans souliers, sans vêtements, obligés de faire encore six kilomètres au moment où ils croyaient trouver enfin le repos après tant de fatigues.

Le quartier général de la division est établi à la Grange-Miton ; on perd encore une heure à placer les bataillons en colonne par division, à distance de déploiement. Les hommes sont démoralisés ; les officiers cherchent à les remonter, mais n'y réussissent que difficilement. Les hommes n'ont pas ménagé leurs vivres de réserve ; ils se couchent sans manger auprès de grands feux que les pieux de vigne servent à entretenir.

11 décembre. — Le lendemain 11, le réveil fut terrible ; les malades sont en grand nombre ; les découragés en plus grand nombre encore. Quelques officiers sont envoyés à Bourges ; ils en ramènent du café, de l'eau-de-vie et quelques autres vivres achetés sur l'ordinaire des compagnies. Le soir les distributions réglementaires ont lieu.

12 décembre. — Le 12 à sept heures, on se remet en route pour une destination inconnue. En chemin on apprend que la 1re division doit attaquer Vierzon, occupé depuis quatre jours par l'ennemi. Ce mouvement en avant rend le courage aux troupes On couche à Mehun-sur-Yèvre, près de la ferme d'Alouis ; depuis le matin le temps s'est radouci ; il dégèle, on peut dresser les tentes, et sans la boue les hommes seraient relativement heureux.

C'est à Alouis, que nous apprîmes la séparation de l'armée de la Loire en deux armées ; la première armée, 15e, 18e et 20e corps, était sous les ordres du général Bourbaki ; les autres corps, qui avaient opéré leur retraite sur Tours, formaient la deuxième armée, sous les ordres du général Chanzy.

13 décembre. — Le 13 décembre, la 1re division, après avoir laissé passer devant elle la cavalerie, prit la route de Vierzon. Quelques pelotons du 11e chasseurs traversent au grand galop les faubourgs de cette ville, sabrent et prennent les traînards prussiens. (Les deux mille hommes qui occupaient la ville s'étaient hâtés d'évacuer à notre approche.) Nous traversons Vierzon sans nous arrêter, et campons sur la lisière de la forêt, à cheval sur la route de Paris. Ce petit succès rend aux hommes toute leur énergie ; les distributions se font régulièrement, le temps est doux du reste, et les souffrances passées sont oubliées.

14 décembre. — Le 14, l'ordre du jour de la division est lu au régiment ; il contient la nomination du colonel de Bourgoing au commandement d'un régiment de cavalerie ; du commandant de Savigny au commandement d'un escadron de ce même régiment. Le commandant de Veyny était nommé lieutenant-colonel du 12e mobiles, qu'il commandait depuis près d'un mois. Les commandants de Pracomtal et de Savigny étaient nommés chevaliers de la Légion d'honneur; les sergents Fages et Chamfraut, décorés de la médaille militaire. Ces récompenses étaient accordées pour les combats d'Artenay, d'Orléans et de Chambon.

15 décembre. — Le 15 décembre, séjour au camp de Vierzon.

16 décembre. — Le 16, la 1re division est remplacée à Vierzon par la seconde et nous reprenons la route de Mehun. Une ordonnance ministérielle prescrivait de cantonner les troupes toutes les fois que les circonstances le permettaient. En conséquence, le 12ᵉ mobiles est cantonné au château de Beauvoir près Mehun, et dans les fermes environnantes ; les autres troupes de la division occupent les villages voisins dans un rayon de trois lieues au plus.

17-18 décembre. — Les journées du 17 et du 18 furent passées à Beauvoir et employées à la réorganisation des cadres des sous-officiers. L'ordre du jour nous apprit les nominations de MM. Farcy et Paul Tiersonnier au commandement des 2ᵉ et 3ᵉ bataillons, en remplacement du commandant de Savigny passé aux éclaireurs à cheval, et du commandant de Veyny nommé lieutenant-colonel.

Le dimanche 18, une messe militaire fut célébrée, par notre aumônier, devant le château de Beauvoir ; le régiment tout entier y assistait en armes.

19 décembre. — Le 19, des ordres furent donnés à toute l'armée pour un mouvement tournant par Bourges, La Charité, Cosne et Montargis. Les étapes et la direction de chaque corps étaient fixées d'avance et, dans l'espace de six jours, l'armée tout entière devait se trouver portée sur le flanc gauche de l'armée prussienne. Le 19 au soir, le régiment couche donc devant Bourges, entre La Chapelle-Saint-Ursin et le canal, à un kilomètre à peine de son ancien campement ; le temps se maintient très doux.

20 décembre. — Le 20, séjour devant Bourges ; l'idée d'un mouvement sur Montargis est abandonnée. Les 18ᵉ et 20ᵉ corps sont dirigés sur Chagny ; le 38ᵉ de ligne et le régiment d'infanterie de marine sont détachés de la brigade ; ils doivent former la réserve générale de l'armée d'expédition et être placés sous les ordres du capitaine de vaisseau Pallu de la Barrière, nommé général au titre auxiliaire.

Le but de l'expédition est encore inconnu ; on parle cependant d'un mouvement sur l'Est destiné à couper les communications de l'ennemi. Le 15ᵉ corps conserve provisoirement ses positions devant Bourges.

21 décembre. — Dans la nuit du 20 au 21 décembre la température s'abaissa subitement, beaucoup d'hommes eurent les pieds gelés sous leur tente ; les malades furent nombreux ; ils augmentèrent encore le lendemain 22.

23 décembre. — Le 23, l'état sanitaire devenait de plus en plus mauvais. On mit le régiment en mouvement et on le dirigea, par petites étapes, dans la direction de Vierzon où il devait trouver des cantonnements chauds. Le 23 on coucha à Marmagne ; le 24 à Chancenay, près de Mehun-sur-Yèvre.

25 décembre. — Le 25 au soir, nous arrivons à Vierzon Village, où des cantonnements fort convenables étaient préparés pour nous, soit aux forges, soit dans les faubourgs ou villages environnants. La 2e brigade occupa Vierzon-Ville et les positions en avant que nous avions la semaine précédente ; la légion bretonne du colonel Domalain était placée dans la forêt en extrême avant-garde.

26, 27, 28, 29 et 30 décembre. — Les journées des 26, 27, 28, 29 et 30 décembre furent passées dans les cantonnements de Vierzon. Malgré le froid et la neige, les hommes furent exercés tous les jours ; ils reçurent des pantalons rouges et quelques vareuses ; il était grand temps, car les vêtements qu'ils portaient depuis le commencement de la campagne tombaient en lambeaux. Malheureusement, les souliers manquaient, beaucoup d'hommes étaient encore en sabots. Le capitaine Grandpré fut envoyé en Nivernais avec mission de rapporter tout ce qu'il pourrait trouver de chaussures dans les petites villes de Prémery, Corbigny et les villages environnants (1).

31 décembre. — Le 31, pour ne pas laisser les hommes dans l'inaction, on fit changer les cantonnements ; les trois bataillons furent placés à Vignoux-sur-Barangeon, avec deux compagnies détachées au village de Guérigny.

1er, 2 et 3 janvier. — Les journées des 1er et 2 janvier furent passées à Vignoux-sur-Barangeon ; le 3, on reçut l'ordre de reprendre à Vierzon les anciens cantonnements et de se tenir prêt à embarquer par le chemin de fer le lendemain 4. Le 15e corps était dirigé sur l'Est où il devait rejoindre l'armée expéditionnaire. Cette armée, composée des 15e, 18e, 20e et 24e corps, était sous les ordres du général Bourbaki.

Le 15e corps était commandé par le général Martineau des Chesnez, la 1re division par le général Durrieu ; le général de Colomb avait été appelé à l'armée de l'Ouest. La 1re brigade, dont nous faisions partie, restait sous les ordres du général Minot.

(1) Le capitaine Grandpré nous rejoignit dans l'Est avec une centaine de paires de chaussures. Il en eut fallu dix fois plus.

CAMPAGNE DE L'EST

4 janvier. — Le 4 janvier, un premier convoi, parti à midi, emmène l'artillerie et le régiment de zouaves ; dans le second, parti à deux heures, prennent place les deux premiers bataillons et l'état-major. Le 3ᵉ bataillon et le bataillon de Savoie, partis les derniers, traversent Nevers pendant la nuit, sans s'y arrêter, et après des stations de plus d'une journée à Rémilly (Nièvre) et à Dannemarie (Doubs), débarquèrent à Clerval (Doubs) le 7 janvier, à sept heures du matin, après trois nuits et deux jours de chemin de fer. Beaucoup d'hommes avaient les pieds gelés ; presque tous les avaient enflés.

Nos cantonnements étaient préparés au village d'Anteuil sur l'autre rive du Doubs ; malheureusement dans l'intérêt de la défense on avait cru devoir faire sauter une des arches du pont. Le passage dût être effectué en barque, la rivière charriant d'énormes glaçons, il fut long, difficile et même périlleux.

A trois heures du soir seulement, après une petite étape de quatre à cinq kilomètres, nous rejoignîmes à Anteuil les deux premiers bataillons qui s'y trouvaient depuis la veille et le régiment se trouva de nouveau réuni.

Le 1ᵉʳ régiment de zouaves (colonel Chauland), occupait les villages de Glainans et de Hyémondans, le bataillon de Savoie (commandant Costa de Beauregard), le hameau de Saint-Georges.

8, 9 et 10 janvier, séjour à Anteuil et repos.

Le 9 janvier, les grand'gardes signalèrent une violente canonnade dans la direction de l'Est. Nous sûmes depuis qu'elles avaient entendu le canon de la bataille de Villersexel, livrée et gagnée par Bourbaki.

Le 10 janvier, une dépêche officielle appela d'urgence à Nevers les capitaines de Noury et Ludovic Tiersonnier. On leur annonçait, en même temps que leur promotion au grade supérieur, qu'ils auraient à commander deux bataillons de mobiles formés avec les hommes laissés au dépôt, les convalescents et les blessés guéris.

Ces bataillons, qui prirent les nᵒˢ 4 et 5, firent partie jusqu'à la fin de la campagne de l'armée dite de la Nièvre, placée sous les ordres du capitaine de frégate Louis du Temple, général de brigade au titre auxiliaire.

Pour la seconde fois on puisait dans les cadres du régiment déjà fort affaiblis par la mort ou la maladie.

De nouvelles promotions devenaient nécessaires. Le général en chef Bourbaki y pourvut d'après les propositions du lieutenant-colonel.

A l'ouverture de cette seconde partie de la campagne, le corps d'officiers du 12e régiment était ainsi composé :

Lieutenant-colonel : DE VEYNY.

N.os des Comp.ies	CAPITAINES	LIEUTENANTS	SOUS-LIEUTENANTS
	1er Bataillon. — Chef de bataillon : DE PRACOMTAL.		
1re	de Saint-Maur.	Esmoingt.	de Chaligny.
2e	Comte.	de Malart (1).	Jourdan.
4e	Guillaume.	de Chambure.	N.
5e	Foulon.	d'Espeuilles.	N.
6e	Guénot-Grandpré.	Maurice Massin.	Duvernois.
7e	de Laplanche.	de Montigny.	N.
8e	Langlois.	de Talon.	d'Amfreville.
	Chirurgien : COMOY.		
	2e Bataillon. — Chef de bataillon : FARCY.		
1re	Cornu.	Laguigné.	N.
2e	Ruby.	Gentil.	Foing.
3e	Martinet.	Mattei.	Picault.
4e	du Colombier.	N.	Point.
5e	Charbois.	N.	Paley.
6e	Pétry.	Gallié.	N.
8e	Fournier.	Charles Frottier.	Vannereau.
	Chirurgien : PICARD.		
	3e Bataillon. — Chef de bataillon : Paul TIERSONNIER.		
1re	Dumas.	Fage.	N.
2e	Mignot.	Dauteloup.	Mathieu.
3e	Fischer.	de Montrichard.	Cochinal.
4e	Henry d'Assigny.	de Thé.	Rétivat.
5e	Soupé.	Caillaux.	Massé.
6e	Gallois.	Kaindler.	Robin.
7e	Frédéric d'Assigny.	Martan.	N.
	Chirurgien : DÉZAUTIÈRES.		

(1) Détaché auprès du général Chopin.

Le capitaine Dumas, de la 1re du 3e, avait été envoyé au dépôt pour chercher des recrues. Parti de Nevers quelques jours après nous, avec 150 hommes, il ne put dépasser Dijon, et fut jusqu'à la fin de la campagne attaché, bien malgré lui, à l'armée des Vosges.

Les 3e du 3e et 4e du 2e, détachées à la garde des convois, faisaient la route à pied, et ne purent nous rejoindre que beaucoup plus tard.

11 janvier. — Le 11, la 1re brigade reçut l'ordre d'aller occuper le plateau de Blamont. Après une marche fort pénible sur une route couverte de plus d'un pied de neige, elle fit halte à Dambelin, où elle reçut contre-ordre. Rentrés à Anteuil, à huit heures du soir, nous en repartîmes le lendemain (12 janvier) avant le jour, et repassâmes le Doubs à Clerval, en bac ; le pont que l'on avait fait sauter n'étant pas encore réparé, ce passage nécessita beaucoup de temps.

On fit halte dans la gare de Clerval, et les hommes furent alignés en vivres pour quatre jours. A trois heures, après une petite étape, le régiment cantonna au village de Fontaine.

13 janvier. — Le 13, à deux heures du matin, le régiment quitta Fontaine, et traversant Soye, Médière, l'Isle-sur-le-Doubs et Beutal, arriva à onze heures du matin devant le village de Montenois ; on donna l'ordre de faire le café. A gauche et devant nous, se trouvaient les villages d'Arcey et de Sainte-Marie occupés par l'ennemi.

Des batteries françaises, établies sur les hauteurs, ouvrent le feu sur ces deux villages. Le général Questel (1) forme la 2e brigade en colonne d'attaque ; Sainte-Marie est enlevé à la baïonnette par le régiment de la Charente et les turcos, pendant qu'Arcey est attaqué et enlevé avec le même succès par la réserve de l'armée. Nous assistons l'arme au bras à cette brillante affaire, et nous avons la vive satisfaction de voir les colonnes prussiennes évacuer en désordre les deux villages.

La 2e brigade, le régiment de la Charente en tête, poursuit ses avantages ; elle traverse Sainte-Marie sans s'y arrêter. Un aide de camp du général en chef nous apporte l'ordre de la soutenir ; nous traversons le champ de bataille jonché de morts et de blessés, et nous occupons Sainte-Marie, pendant que la Charente attaque et enlève, de la façon la plus brillante, le village de Saint-Julien.

---

(1) Le général Questel avait remplacé depuis peu le général Bertrand dans le commandement de la 2e brigade.

La nuit met fin à l'affaire, le succès est complet. Arcey, Sainte-Marie et Saint-Julien, fortifiés et défendus par un ennemi nombreux, sont tombés en notre pouvoir ; on nous cantonne à Sainte-Marie. La population, délivrée des Prussiens qui l'opprimaient depuis plus d'un mois, fait le meilleur accueil aux soldats qui sont pleins d'espoir et d'ardeur.

14 janvier. — Le 14, à six heures du matin, le régiment quitte ses cantonnements, traverse sans s'y arrêter le village de Saint-Julien où le général Minot établit son quartier général ; on nous place en bataille sur un plateau qui domine le village ; le froid est excessif, et nous y passons toute la journée sans feu, pendant que les zouaves, qui nous précèdent, attaquent et prennent le village d'Allondans, situé à nos pieds dans la vallée.

A la nuit, le général Minot vient se rendre compte de la situation, et, trouvant tout tranquille, fait redescendre le régiment à Saint-Julien ; nous y sommes cantonnés.

On commençait à manger la soupe, quand quelques coups de fusil éloignés se firent entendre. On reprend les armes à la hâte, et nous gravissons de nouveau le plateau que nous venions de quitter. Les zouaves qui avaient pris Allondans, s'y étaient mal gardés ; attaqués à l'improviste et pendant la nuit, ils avaient perdu quelques hommes et deux officiers. Bientôt remis de cette panique, ils reprirent leurs positions dans le village, et nous pûmes redescendre à Saint-Julien, où le reste de la nuit se passa tranquille.

15 janvier. — Le 15, à la pointe du jour, nous quittons Saint-Julien ; nous relevons en passant la grand'garde que nous avions laissée la veille sur le plateau, et, dissimulant notre mouvement derrière des bois et des replis de terrain, nous traversons le village d'Issans, précédés par l'artillerie.

Des batteries sont établies sur les hauteurs qui entourent Allondans, un feu violent est ouvert sur les batteries prussiennes qui occupent le plateau du Mont-Chevis. Les 1er et 2e bataillons, déployés en colonne d'attaque, gravissent ce plateau sous une pluie de fer. Le 3e, resté en réserve, occupe une hauteur qui domine le temple protestant du village d'Allondans.

Une affaire générale s'engage sur une ligne de plus de cinq lieues. Du point élevé que nous dominons, nous avons mission d'observer tout ce qui se passe, et de soutenir notre droite dans le cas où son attaque serait repoussée ; pas une des péripéties de l'action ne nous échappe.

A droite, la division Peitavin attaque et enlève sous nos yeux le village de Dung ; les bois qui dominent ce hameau, et qui nous cachent la ville de Montbéliard, sont aussitôt inondés d'une nuée de tirailleurs appartenant à cette division. L'infanterie prussienne se retire vivement sous la protection des canons du château. Malgré la pluie de projectiles qui couvre le bois, nos tirailleurs ne ralentissent pas leur marche. Un paysan nous annonce la prise de Montbéliard par le général Peitavin, un officier d'ordonnance vient bientôt nous confirmer cette bonne nouvelle ; malheureusement le château tient encore.

Pendant ce temps, la 1re division, qui appuie sa gauche au 24e corps, déloge l'ennemi des bois qu'il occupe ; nos batteries, habilement dirigées par le lieutenant-colonel Massenet, font taire les batteries prussiennes.

Deux compagnies du 2e bataillon, commandées par les capitaines Cornu et Fournier, enlèvent la ferme de Mont-Chevis ; deux compagnies de zouaves les dépassent et se laissent emporter par leur ardeur, jusqu'au bord de la Lizaine. Reçus par une vive fusillade partie du village de Bethoncourt, les zouaves se replient sur nos mobiles, laissant quelques blessés entre les mains de l'ennemi.

La nuit arrive, on bivouaque sur les positions conquises ; le 3e bataillon en arrière d'Allondans, le 2e bataillon, détaché tout entier en grand'garde, appuie sa droite à la ferme de Mont-Chevis, où s'établit le général Minot ; il est soutenu à gauche par la compagnie d'éclaireurs volontaires de la première division.

Combat de Bethoncourt.

16 janvier. — Le 16, à cinq heures du matin, le 3e bataillon rejoint les deux autres sur le plateau de Mont-Chevis, il prend position dans les bois qui nous cachent Bethoncourt ; le pain manquait depuis la veille, on attendait donc, sans manger, le moment de l'attaque décisive, qui devait avoir lieu sur toute la ligne.

A la pointe du jour, une canonnade terrible s'engage de Héricourt à

Montbéliard. Le général Werder, établi derrière la Lizaine, occupe toutes les montagnes qui dominent cette rivière. Des pièces de gros calibre viennent tuer des hommes dans nos réserves, à plus de six kilomètres ; nos batteries ripostent avec quelque succès. Le spectacle est du reste superbe, éclairé par un magnifique soleil : au dire des anciens officiers, cela rappelle les canonnades de Crimée.

Le régiment perd peu de monde ; le 2ᵉ bataillon, plus rapproché des batteries, a cependant quelques hommes hors de combat.

Au bout d'une heure, le colonel de Veyny est mandé au quartier général ; nous sommes désignés pour attaquer Bethoncourt.

Ce village, situé sur la rive gauche de la Lizaine, est caché à nos yeux par un rideau boisé et séparé de nous par deux petites vallées : l'une, qui va servir de route aux colonnes d'attaque, est un ravin excessivement étroit, dominé de deux côtés par des coteaux couverts de bois ; l'autre, d'environ six cents mètres de large, et dans laquelle coule la Lizaine, descend en pente douce jusqu'à Bethoncourt.

Le village, protégé par la rivière, dont l'ennemi a fait gonfler les eaux au moyen d'un barrage, et par la ligne du chemin de fer, se dresse en amphithéâtre ; un plateau garni d'artillerie le domine. Le presbytère de Bethoncourt, située sur un mamelon isolé, et le cimetière qui y touche servent de poste avancé à ses défenseurs ; c'est du moins ce dont nous pouvons juger au moment où, débouchant du bois par plusieurs chemins différents, nous reformons nos rangs avant de recevoir les dernières instructions.

L'ennemi nous attendait, et malgré toutes nos précautions, soupçonnant la marche des colonnes, avait couvert de projectiles le chemin que nous venions de parcourir. Un obus, parti du château de Montbéliard et éclatant sur un gros arbre, couvrit de débris le commandant Tiersonnier, du 3ᵉ bataillon ; son cheval fit un écart terrible ; tout le monde eut peur pour lui. Au bout d'une minute, nous le vîmes sain et sauf, calme comme à la parade.

Le régiment eut peu à souffrir pendant cette marche, à peine eûmes-nous trois ou quatre hommes blessés.

Il n'en fut pas de même au 1ᵉʳ zouaves, qui, marchant parallèlement à nous le long du coteau, perdit près de quinze hommes. En vue de Bethoncourt, le général Minot réunit autour de lui les commandants des compagnies et donna les derniers ordres.

Les zouaves et les chasseurs à pied qui devaient nous rejoindre avaient été retardés dans leur marche, et n'étaient pas arrivés ; notre 2ᵉ bataillon était aussi en retard ; une seule de ses compagnies, celle du capitaine Pétry, était arrivée. Le général n'avait donc à sa disposition que deux bataillons de la Nièvre et le bataillon de Savoie ; pressé par les ordres du commandant du corps d'armée Martineau des Chesnez, il se décide à attaquer avec ce qu'il a sous la main.

Trois compagnies de Savoie, déployées en tirailleurs, devaient partir en avant, les quatre autres leur servaient de soutien. Derrière eux, à deux minutes de distance, les 1ʳᵉ, 2ᵉ et 4ᵉ compagnies du 3ᵉ bataillon de la Nièvre devaient se lancer en tirailleurs ; les autres compagnies et le 1ᵉʳ bataillon en réserve suivaient le mouvement.

Comme par un accord tacite, le feu avait cessé des deux côtés ; un silence de mort régnait sur la vallée (1) pas un cri, pas un mot, pas un coup de feu. C'est alors que le commandant Costa (de la Savoie) s'adressant à ses soldats rangés l'arme au pied, sur la lisière du bois, leur dit ces simples paroles : « Mes enfants, dans quelques minutes beaucoup d'entre vous seront morts pour la patrie, en bons Français et en braves Savoyards ; si vous voulez mourir en chrétiens, M. l'aumônier va vous donner sa bénédiction ». A ces mots, toutes les têtes s'inclinèrent, tous les genoux fléchirent ; le digne abbé Jutteau bénit tous ces braves gens qui se relevèrent aussitôt et se lancèrent en avant, leur commandant en tête.

Au premier son du clairon, un ouragan de fer s'abattit sur le bois, et nous perdîmes de vue le village et ses assaillants au milieu de la fumée « En avant, la Nièvre », cria alors le colonel de Veyny. Les trois compagnies désignées sortent du bois toutes déployées ; elles n'ont pas fait deux cents mètres sous un feu violent de mousqueterie, qu'elles voient avec douleur revenir les débris du bataillon de Savoie ; l'aumônier, son manteau criblé de balles, est au milieu des soldats. « Qu'y a-t-il ? » demanda alors le capitaine de la 4ᵉ à un sergent-major de la Savoie. « La rivière est infranchissable, répond ce dernier ; nos hommes s'y noient ou sont fusillés à bout portant par un ennemi invisible. Le commandant et presque tous nos officiers sont morts ».

Les trois compagnies de la Nièvre s'abritent alors derrière un pli de

---

(1) Nous sûmes depuis que l'artillerie avait épuisé ses munitions, et que, pour cette raison, elle ne put soutenir notre attaque.

terrain, et arrêtent par leur feu l'ennemi, qui sort en ce moment du cimetière et de la cure et cherche à envelopper les derniers Savoyards encore debout. Notre intervention sauve quelques-uns de ces braves, mais leurs pertes sont énormes. A l'appel du soir, le commandant, onze officiers et plus de 300 hommes manquaient (1).

Le lieutenant de Montrichard, détaché à la 4e, est envoyé au commandant Tiersonnier pour lui demander des ordres ; ce dernier vient lui-même au milieu d'une grêle de balles. D'après ses ordres, les trois compagies se retirent pas à pas ; sur la lisière du bois, elles s'embusquent et ouvrent un feu violent sur la cure, le cimetière et les maisons de Bethoncourt ; les mitrailleuses soutiennent nos efforts. Malheureusement l'artillerie ennemie est supérieure et la nôtre manque de munitions. Nos réserves, restées dans les bois, ont fort à souffrir, le 1er bataillon surtout perd beaucoup de monde.

Les attaques de droite et de gauche n'ont pas été plus heureuses. Le général Minot fait sonner la retraite ; une heure après, nous reprenions nos positions du matin. On est obligé d'avouer qu'à la fin du combat, il s'était produit quelque désordre : tous les corps étaient mêlés, pas de chemins ouverts ; chacun revint un peu comme il put, mais à l'honneur du régiment on doit dire aussi qu'à la nuit tous les hommes valides étaient réunis auprès du colonel, sur le plateau de Mont-Chevis.

Les pertes étaient considérables ; elles furent difficiles à constater. Au 3e bataillon, le capitaine adjudant-major Mignot avait eu la main traversée d'une balle, dès le commencement de l'action. Beaucoup de mobiles blessés étaient restés sur le champ de bataille.

Pendant la nuit, et après avoir vainement fait demander des cacolets au village d'Allondans, le colonel envoya deux chariots du pays avec trente hommes de corvée pour enlever les morts et les blessés dans le bois et dans la plaine de Bethoncourt. Le capitaine Frédéric d'Assigny commandait ces hommes ; il se fit accompagner du docteur Comoy et du sous-lieutenant de Chaligny.

A une heure du matin, les voitures rentraient au Mont-Chevis,

---

(1) Un souvenir en passant à notre compatriote Desmolins, chirurgien, détaché au bataillon de Savoie : Il accompagnait l'aumônier, et ne s'inspirant, comme lui, que de son courage et de son dévouement, il suivit les tirailleurs sur le champ de bataille. Frappé d'une balle au ventre, il mourut le lendemain à l'ambulance d'Allondans, où il avait été transporté. Il appartenait au 1er bataillon de la Nièvre, compagnie de Lormes.

ramenant près de trente blessés de tous les corps. S'étant approchée trop près des avant-postes ennemis, la petite troupe eut à subir leur feu, et perdit deux hommes.

Le docteur Comoy, en l'absence des médecins de l'armée régulière, donna les premiers soins à tous ces blessés (1) ; le lendemain, ils furent remis à l'ambulance bourbonnaise qui vint s'établir au Mont-Chevis (2).

A neuf heures du soir, le 3ᵉ bataillon remplaça le 2ᵉ en grand'garde ; deux compagnies, placées en poste avancé et à moins de cinq cents mètres de l'ennemi, durent passer la nuit sans feu et presque sans nourriture ; les distributions n'avaient pu être faites ; on n'avait que du cheval et quelques restes de biscuit. Cette nuit, pendant laquelle le thermomètre descendit, dit-on, à — 19°, fut terrible pour tout le monde, principalement pour ces deux compagnies.

A minuit, une violente fusillade se fait entendre sur notre gauche ; des balles arrivent jusque sur nos têtes. Le général sort de la ferme du Mont-Chevis et demande l'explication de tout ce tapage ; personne ne peut la lui donner. Bientôt tout se calme, et nous pensons aujourd'hui qu'il n'y avait qu'une méprise de la part de quelque corps avancé.

17 janvier. — Le 17 janvier, au moment où le jour commence à poindre, les deux compagnies de grand'garde sont portées à deux cents mètres en avant, et déployées en tirailleurs, appuyant leur droite aux zouaves, et leur gauche au bois dans lequel a bivouaqué le reste du bataillon.

Pendant la nuit, le génie a établi des batteries qui ouvrent immédiatement le feu ; le jour est complètement arrivé. Les 6ᵉ et 7ᵉ compagnies viennent nous relever ; nous sommes à découvert et le champ dans lequel nous nous mouvons est labouré par les obus. Le bataillon de grand'garde, qui se trouve dans la ligne de tir, n'est pas épargné ; nous perdons du monde. Les zouaves, qui sont à notre droite, se

---

(1) Le docteur Dezautières était à Allondans où l'on avait réclamé ses soins.

(2) L'ambulance bourbonnaise, sous la direction de M. de Sessevalle comptait, parmi ses membres volontaires, les docteurs Berjeon et Molière, MM. d'Aubigny et de Marans. Elle rendit les plus grands services pendant cette campagne, notamment à Bourges et à Montbéliard. A la paix, M. de Sessevalle ne voulut accepter aucune récompense avant d'avoir obtenu celles qu'il réclamait pour ses collaborateurs. L'exemple est trop rare pour n'être pas cité.

replient sur Mont-Chevis ; au bout d'un quart d'heure, nous recevons l'ordre de rejoindre le régiment, dans les positions occupées la veille.

Le colonel de Veyny nous annonce alors que le général Durrieu, malade, a dû quitter le commandement de la division ; le général Minot le remplace, et le colonel de Veyny, cédant le commandement du régiment au commandant de Pracomtal, prend celui de la brigade.

La 2e brigade qui vient aussi de changer de chef, par suite de la maladie du général Questel, nous remplace sur le plateau ; elle est maintenant commandée par le lieutenant-colonel Le Moingt, des tirailleurs algériens. Pour nous rendre aux positions qui nous sont assignées en réserve, nous traversons le plateau couvert des morts de la veille, que l'on n'avait pu encore enlever. Les batteries du château tirent sans discontinuer ; le bataillon perd encore quelques hommes pendant ce mouvement.

A dix heures, nous nous établissons en réserve dans nos nouvelles positions, au fond d'un large ravin. Bethoncourt est devant nous, nous en sommes séparés par un coteau boisé, occupé par l'artillerie et le régiment de la Charente.

A onze heures, une vive fusillade éclate en avant ; on nous rapporte des blessés : tirailleurs, Charentais et chasseurs à pied. Le feu cesse bientôt ; c'est une affaire d'avant-poste, sans importance ; le reste de la journée est tranquille, malheureusement les vivres manquent, on en est réduit à la viande de cheval, sans pain.

On fait battre les bois pour y chercher les morts et les blessés de la veille, on en rapporte une grande quantité, et nous nous apercevons avec horreur que quelques-uns de ces derniers ont passé la nuit sans soins, dans la forêt. Les médecins du 12e mobiles en remplissent une petite cabane de bûcherons, et on envoie chercher des secours au village d'Allondans. Les secours ne vinrent pas et beaucoup de ces malheureux périrent dans la journée.

Dans cette circonstance, on ne peut trop blâmer l'incurie du service médical.

Parmi les morts qui nous furent rapportés, nous reconnûmes le capitaine de Marcellus, du régiment de la Charente. C'est pendant cette journée que nous eûmes quelques détails sur les pertes du bataillon de Savoie ; un homme de ce bataillon, qui avait pu s'échapper des mains de l'ennemi, nous rassura sur le compte du commandant Costa ; il n'était que blessé, ainsi que les lieutenants Hugard et Dorlu ; les capitaines Milan et Bézancenot avaient été tués raides. Le capitaine de Cordon (1), qui prit le commandement de ce bataillon, obtint du général la permission d'aller le reformer en arrière, au village d'Issans.

A la nuit, les hommes, accablés de fatigue, s'endormirent auprès des feux. La neige tombait à gros flocons, le temps était plus doux, mais on souffrait néanmoins, et l'insuccès de la veille inquiétait pour le lendemain.

18 janvier. — Le 18, le réveil fut pénible ; pas de distributions, pas d'ordre d'attaque ; l'artillerie ennemie ne tirait qu'à de longs intervalles, quelques obus égarés tombaient dans le ravin, mais sans nous faire grand mal ; la nôtre ne répondait pas, faute de munitions. Quelques officiers montent sur le haut du coteau, et observent à l'œil nu les sentinelles prussiennes qui veillent devant Bethoncourt.

A trois heures, on distribue de l'eau-de-vie, et un cheval mort est amené pour chaque bataillon, le partage en est fait régulièrement.

A la nuit, le général Minot vient au bivouac, il réunit les officiers supérieurs et leur annonce que l'attaque ayant échoué sur toute la ligne, la retraite générale est décidée. Elle doit s'opérer pendant la nuit ; des feux doivent être allumés pour tromper l'ennemi et lui laisser croire à notre présence ; on ne dit rien aux hommes, pour ne pas les inquiéter.

Les officiers du 3e bataillon, assis en rond autour d'un grand feu, mangent à la hâte un quartier de cheval grillé sur des charbons, et moitié éveillés, moitié endormis, attendent ainsi l'heure fixée pour le départ.

19 janvier. — Le 19, à une heure du matin, les hommes couchés dans la neige, auprès de leurs feux demi-éteints, sont réveillés un à un ; ils croient à une attaque de nuit et se lèvent résolument. Cependant ils voient de quoi il est question, et le découragement s'empare d'eux.

Le mouvement commence par le 2e bataillon ; ce n'était pas peu de chose que de mettre 1.800 hommes en route, dans un bois dont le chemin le plus large mesurait un mètre à peine. A trois heures et

---

(1) Le capitaine de Cordon était allé jusqu'au bord de la Lizaine ; il revint sain et sauf, mais sa capote criblée de balles.

demie cependant, tout le monde avait quitté la forêt, et s'acheminait sur Allondans, par le ravin qui depuis trois jours avait été sillonné de tant de projectiles.

L'ennemi, trompé par les feux, n'inquiéta pas notre retraite, mais que d'hommes fatigués et à demi endormis, obligés de marcher à la file indienne, dans des sentiers couverts de verglas, tombèrent et retardèrent la marche ; aussi la gauche de la colonne dut-elle prendre le pas de course pour rattraper la droite, engagée depuis longtemps sur la route d'Allondans à Dung.

De Dung, la colonne gagna, par des chemins de traverse, le village de Presentevillers ; là, le jour parut. Après une halte assez longue, nécessitée par la recherche d'un guide du pays, on se remit en route, et sans pause, sans arrêt, par des chemins presque impraticables, on marcha pendant sept heures.

A deux heures du soir, nous étions à l'Isle-sur-le-Doubs ; on établit la brigade sur un plateau dominant la ville. Le temps est affreux, la neige tombe depuis le matin. Les convois n'étant pas arrivés, aucune distribution n'avait pu être faite. Cette nuit passée sans abri, et qui succédait à tant d'autres, fut une des plus pénibles de la campagne, aussi le lendemain 20, le lever du soleil éclaira-t-il un triste spectacle, les malades abondaient.

20 janvier. — A huit heures, les officiers de semaine descendirent à la ville avec des hommes de corvée. Ce ne fut qu'avec les plus grandes difficultés qu'ils obtinrent du biscuit, du café et de la viande ; quant au pain il n'en était pas question.

La ville est encombrée par l'artillerie, les bagages et les voitures des 18e et 20e corps qui se hâtent de passer le Doubs.

A onze heures, les corvées, arrivant sur le plateau, trouvent la brigade sous les armes, l'ennemi s'avançait par masses considérables ; le village de Sainte-Marie, défendu par un bataillon de chasseurs à pied, était en son pouvoir ; quelques fuyards échappés à ce désastre en avaient apporté la nouvelle.

Les distributions sont faites à la hâte, et avec une précipitation regrettable ; une grande quantité de viande est laissée sur place par les hommes trop pressés ou trop découragés pour vouloir se charger au moment d'un combat possible.

Deux bataillons du 1er zouaves garnissent les hauteurs du côté de

Sainte-Marie ; à notre droite, la 2ᵉ brigade tout entière, sous l'habile direction du colonel Le Moingt, se porte en avant ; elle est soutenue par le régiment de la Gironde et le régiment étranger. Cette démonstration, appuyée de quelques coups de canon, arrête les colonnes ennemies.

Les 18ᵉ et 20ᵉ corps, protégés par nous, peuvent opérer leur retraite par la rive gauche du Doubs, et font sauter les ponts derrière eux ; la 1ʳᵉ division reste seule sur la rive droite. A la nuit, elle reçoit l'ordre de suivre le mouvement, en laissant derrière elle, comme soutien, la légion bretonne qui vient d'arriver.

A neuf heures du soir, nous arrivons au village de Pompierre, après une marche fort pénible le long des rives du Doubs ; nous y sommes cantonnés. C'est la première fois depuis huit jours que nous couchons sous un toit.

21 janvier. — Le 21, à cinq heures du matin, on quitte les cantonnements ; à sept heures et demie, nous arrivons à Clerval, que nous avions vu deux fois déjà, mais, hélas ! dans des dispositions d'esprit bien différentes : la première, à notre débarquement ; la seconde, le jour de notre marche en avant sur Arcey et Sainte-Marie.

A la gare de Clerval, les convois abondent, le général en chef du 15ᵉ corps ordonne au 12ᵉ mobiles de toucher quatre jours de vivres. Le plus affreux désordre règne dans les distributions (les officiers d'administration sont absents comme toujours) ; les provisions sont pillées, les officiers du 12ᵉ mobiles sont obligés d'avoir recours à des moyens de rigueur envers les zouaves.

Après beaucoup d'efforts on fait enfin évacuer la gare ; quelques corps, le 12ᵉ entre autres, sont abondamment pourvus de lard et de biscuit, mais le pain manque toujours. On traverse la ville, et on fait halte pour faire la soupe, à gauche de la route de Besançon. Dans cette journée, le général Minot reprit le commandement de sa brigade ; le général de cavalerie Dastugue prit celui de la division.

A cinq heures du soir, la première division est mise en route dans la direction de Beaume-les-Dames, on entre dans la ville à dix heures ; on parque les hommes dans la cour de la gare et on nous annonce que nous allons prendre le chemin de fer, traverser Besançon et gagner la gare de Byans, de façon à protéger nos communications avec le Midi, menacées par l'armée du général Manteuffel.

Le froid est horrible, la gare est encombrée ; les trains ne s'organisent que lentement. Le 3e bataillon, qui part le dernier, n'est embarqué qu'à trois heures du matin. La compagnie du chemin de fer ne peut mettre à notre disposition que des vagons à bœufs et des vagons découverts.

22 janvier. — A la pointe du jour, nous étions à Besançon et Torpes. Après avoir consulté le capitaine de Cordon, commandant le bataillon de Savoie, le commandant Tiersonnier donne l'ordre au chef de train de nous conduire coûte que coûte.

Quelques précautions sont prises ; les hommes valides sont placés sur les vagons découverts, les armes prêtes. A la gare de Torpes, nous voyons les uhlans qui nous observent des hauteurs ; le chef de train effrayé veut s'arrêter, le commandant Tiersonnier lui enjoint impérieusement de continuer sa marche, ce qu'il fait, contraint par la force. Une demi-heure après, nous sommes à Byans, où nous attendaient le colonel et le reste du régiment L'ennemi n'avait pas osé nous attaquer.

Nous avions vu en passant des zouaves et des mobiles garnissant les rves du Doubs : c'étaient deux compagnies du 1er de marche et deux compagnies de notre 2e bataillon, capitaine Ruby et lieutenant Laguigné ; elles avaient pour mission de surveiller les bords de la rivière et d'en empêcher le passage.

De ce jour, nous ne devions plus les revoir ; séparées de nous par une forte colonne allemande, qui passa le Doubs à Fraisans, ces compagnies, après avoir défendu avec succès le village de Busy, se retirèrent sur Besançon ; bloquées dans cette ville pendant l'armistice, elles n'en sortirent qu'à la conclusion de la paix. Quant aux zouaves, ils gagnèrent Mouchard et Salins, et prirent une part glorieuse à la défense des forts de cette ville.

A midi, nous prenons la route de Quingey, l'accueil qui nous fut fait à notre arrivée fut des plus cordiaux. Les hommes furent cantonnés, les malades envoyés à l'hôpital où les soins les plus touchants leur furent prodigués. (L'auteur de ces notes n'oubliera jamais l'hospitalité que lui et ses soldats reçurent dans cette ville). Malheureusement, nous jouissions d'un calme trompeur.

23 janvier. — Le lendemain, à midi, trois compagnies de grand' gardes garnissaient les crêtes couvertes de vignes qui séparent Quingey de Byans, à leurs pieds se déroulaient la vallée du Doubs et le chemin de fer de Besançon à Lyon.

Un train venant de Besançon approchait de la gare de Byans, quand deux coups de canon partent de l'autre rive de la rivière, la chaudière saute, le train déraille, une quantité de soldats sort des voitures renversées. Ils voient de loin la ligne de pantalons rouges qui se dessine à l'horizon, et se dirigent de notre côté. Beaucoup d'entre eux n'ont pas la force d'arriver jusqu'à nous ; quelques-uns, cependant, réussissent à se mettre sous la protection de nos feux ; parmi ces derniers, est un officier de la Charente, légèrement blessé ; il nous apprend que le train sur lequel l'ennemi a tiré était composé de malades et de blessés évacués sur Lyon.

A ce moment même, le village est attaqué en arrière par la colonne qui a passé le Doubs la veille, la retraite sur le Midi nous est coupée. Enfermés entre le Doubs et la Loire, une seule route nous reste libre, celle de Besançon.

Notre artillerie n'étant pas arrivée, la défense devenait impossible ; on ordonne la retraite. Les grand'gardes se replient pas à pas en tiraillant et rejoignent à Busy la gauche de la colonne arrêtée près de ce village. On piétina pendant deux heures par un froid terrible, pour donner le temps à l'artillerie, qui arrivait enfin, de faire demi-tour, et de reprendre devant nous la route de Besançon. A dix heures, nous bivouaquons près du hameau de Beurre ; les portes de la ville sont fermées, et, comme à Bourges, nous ne l'apercevons que de loin.

24 janvier. — La nuit que le régiment passa à Beurre fut fort pénible, on ne fit pas de distributions ; les hommes souffrirent de la faim et du froid. C'est là que nous fûmes rejoints par les deux compagnies détachées à la garde du convoi et qui avaient fait la route à pied depuis Vierzon.

Le régiment, ainsi grossi par ces deux compagnies intactes, tourna Besançon ; une grande partie de l'armée prit la direction d'Ornans. Arrivée à Pugey, la 1re division fit halte, reçut des vivres et des cartouches. Le régiment et le bataillon de Savoie, détachés du reste du corps, furent dirigés sur Epeugney et Rurey ; les 1er et 2e bataillons restèrent à Epeugney où ils furent cantonnés ; le 3e et les débris de la Savoie eurent mission d'occuper Rurey et de défendre le pont de Châtillon. Les Prussiens s'étaient fortifiés dans ce village de l'autre côté de la rivière. La 6ᵉ compagnie, capitaine Gallois, prit la grand' garde en arrivant ; la nuit fut calme.

25 janvier. — La 7ᵉ compagnie remplaça la 6ᵉ à la grand'garde. A midi, quelques cavaliers prussiens se montrèrent sur le pont de Châtillon ; reçus par les coups de fusil de nos avant-postes, ils se replièrent bien vite. Un certain mouvement de troupes se faisant remarquer dans ce village, le capitaine Frédéric d'Assigny en avertit le commandant ; ce dernier, portant alors tout le bataillon sur le point menacé, fait occuper les hauteurs sur la droite par les Savoyards du capitaine de Cordon ; le colonel de Veyny est appelé, il descend à Rurey avec le reste du régiment.

L'ennemi, nous voyant nombreux et sur nos gardes, ne tente aucune attaque ; le régiment rentre dans ses cantonnements à Rurey, laissant le passage gardé par des grand'gardes nombreuses et les francs-tireurs du colonel Bombonnel.

26-27 janvier. — Le reste de la journée fut calme, ainsi que la nuit du 26 au 27, le passage étant soigneusement gardé, l'ennemi ne fit aucun mouvement.

Le 27, à midi, nous reçûmes l'ordre de départ ; le reste de l'armée ayant deux jours d'avance sur nous, notre position trop en arrière pouvait devenir dangereuse. Nous traversons Epeugney, Cléron et nous cantonnons le soir à Bolandoz, sur les hauts plateaux du Jura. De Cléron à Bolandoz le terrain s'élevait sensiblement, aussi, la route étant couverte d'une grande épaisseur de neige, les hommes furent obligés de se frayer un passage au travers. Bon nombre de chevaux et de mulets s'abattirent, bon nombre de voitures versèrent et furent abandonnées.

J'ai terminé la tâche que je m'étais tracée ; épuisé et malade, je dus rester à Bolandoz, et ne puis donc parler que par ouï-dire de la fin de la campagne.

Les dernières étapes de cette voie douloureuse furent loin d'être sans gloire.

Dans les deux combats de Sombacourt et de Vaux, les mobiles se montrèrent ce qu'ils avaient toujours été : braves et dévoués (1). Au

(1) A Sombacourt, les capitaines de Grandpré et de la Planche (de la Nièvre), le capitaine de Cordon (de la Savoie) furent enveloppés et pris avec leurs compagnies. Le lieutenant Gallié, officier payeur, sauva la caisse du régiment en sautant dans la

combat de Vaux, le capitaine de Saint-Maur et le lieutenant de Chambure se distinguèrent tout particulièrement.

Tout le monde connait les malheurs de l'armée de l'Est. Forcée de se jeter en Suisse, par suite de l'inconcevable oubli fait par M Jules Favre dans la rédaction de l'armistice.

Le 3 février, le colonel de Veyny, appelé par son rang d'ancienneté au commandement de la division (1), recevait avis de la convention conclue entre le général Clinchant et le général fédéral Herzog, et il entrait sur le territoire de la Confédération par Jougnes.

L'appel fut fait dans les différents corps de cette division si belle au départ. Hélas ! elle était bien diminuée. Au 12e mobiles, 460 hommes étaient présents ; à notre arrivée à Orléans, nous étions 3.000.

Ces chiffres n'ont pas besoin de commentaires.

neige d'un premier étage, il put entrer en Suisse avec 40.000 fr. qui lui avaient été confiés,

Au combat de Sombacourt le capitaine Gallois soutint presque seul avec sa compagnie l'effort d'un ennemi supérieur en nombre.

(1) Les généraux Dastugue et Minot avaient été faits prisonniers à Sombacourt.

En France et dans la Nièvre surtout, on est peu disposé à l'indulgence, pour ceux que ne couronne pas l'auréole du succès.

Beaucoup de nos compatriotes, enveloppant dans un même mépris toutes les armées de la défense, auraient pu confondre le 12e mobiles avec les bandes qui traversèrent Nevers pendant l'hiver 1870-71, ou avec les aventuriers du camp de Saincaize, de triste mémoire.

Le simple exposé des souffrances et des efforts des jeunes gens de la Nièvre suffit pour éviter, dans l'avenir, toute méprise à cet égard. Le 12e mobiles fut l'un des premiers régiments organisés, et cela grâce au zèle et à l'activité du colonel de Bourgoing et de M. Genty, préfet de la Nièvre ; avant le 4 septembre, il le fut si vite et si bien, que moins d'un mois après le premier appel, on le jugea digne de marcher à l'ennemi.

Engagé à Artenay et à Orléans, avant qu'il ne fût même question de l'armée de la Loire, embrigadé dans la 1re division du 15e corps (1), il partagea la fortune de cette belle division, qui servit de noyau et de modèle à la formation de la nouvelle armée. Il eut l'insigne honneur, à Artenay et à Vaux, de tirer le premier et le dernier coup de fusil de la campagne.

Je ne peux donc mieux terminer ce journal qu'en rendant à nos jeunes mobiles l'hommage qui leur est dû. Soldats improvisés, ils avaient à peine quitté leurs champs et leurs ateliers, qu'ils eurent à combattre la première armée de l'Europe, à subir le plus terrible hiver du siècle. D'une gaîté toute française, braves, soumis, ils donnèrent souvent à leurs officiers de touchantes preuves d'attachement.

Aujourd'hui, rendus à la vie civile, ils ont le droit d'être fiers de ce qu'ils ont fait ; leur courage et leur dévouement furent à la hauteur des épreuves qu'ils eurent à supporter, et, s'ils ne purent sauver la Patrie, ils contribuèrent au moins à lui conserver l'honneur.

Nul corps n'a plus souffert et plus combattu pour la Patrie, que le régiment de la Nièvre. Que chacun de nous s'en souvienne, et que ce soit notre consolation et notre récompense.

---

(1) Tous les officiers généraux de la 1re division du 15e corps appartenaient à l'armée régulière.

Nous aurions voulu pouvoir établir exactement le chiffre des pertes subies par le régiment, soit par le feu, soit par la maladie. Malheureusement les documents nous manquent. Nous donnons cependant, d'après les états de situation qui sont entre nos mains, l'effectif de la 4ᵉ compagnie du 3ᵉ bataillon à différentes époques de la campagne.

Ab uno disce omnes.

La 4ᵉ compagnie comptait à l'arrivée du 3ᵉ bataillon à Orléans, le 23 septembre :

    Officiers........................ 3
    Sous-officiers et soldats.......... 145
          TOTAL....... 148

Le 15 octobre, à Châtillon-sur-Loire, après les combats d'Artenay et d'Orléans, 119.

Le 28 octobre, elle reçut à Argent 8 hommes de dépôt.

Le 9 décembre, à Bourges, après le combat de Chilleurs et la retraite d'Orléans, son effectif était de 107.

Le 4 janvier, à Vierzon, jour du départ pour l'Est, de 101.

Le 27 janvier, à Rurey, après les combats des 15, 16 et 17 janvier, à Bethoncourt et devant Montbéliard, de 81.

Le 3 février, à l'entrée en Suisse, après les combats de Sombacourt et de Vaux, de 48.

Les deux tiers de ces hommes manquants étaient disséminés dans les ambulances, sur tout le parcours de l'armée. Quelques-uns d'entre eux purent rentrer en Nivernais, mais le chiffre des morts fut considérable, et, à l'heure où nous écrivons, bon nombre de jeunes gens souffrent encore des suites de cette douloureuse campagne.

Sauvigny, 15 juillet 1873.

1872

Le 19 janvier 1872, une touchante cérémonie réunissait à Bethoncourt des députations du bataillon de Savoie, des régiments de la Nièvre, de la Charente et du 30ᵉ de ligne.

L'ancien commandant de Savoie, le brave commandant Costa, avait fait élever à ses frais un monument à la mémoire de ceux de ses soldats tombés dans la journée du 16 janvier 1871. Il avait convié à l'inauguration de ce monument ses camarades de souffrance ; et les officiers de la Nièvre n'avaient pas été oubliés.

Nous ne raconterons pas ici cette cérémonie, dont les journaux du Doubs, de la Nièvre et de la Savoie ont rendu compte à cette époque. Qu'il nous suffise de dire que l'accueil qui fut fait aux anciens officiers fut simple et touchant.

A Montbéliard, comme à Bethoncourt, le souvenir des journées des 15, 16 et 17 janvier était encore vivant. Que ces populations si patriotiques en reçoivent ici nos remerciements : elles ont su apprécier les efforts tentés, les souffrances subies.

RÉCOMPENSES ACCORDÉES AU 12ᵉ MOBILES

LÉGION D'HONNEUR

Commandeur :

De Bourgoing, lieutenant-colonel.

Chevaliers :

De Veyny, lieutenant-colonel ;
De Pracomtal, chef de bataillon ;
De Savigny de Moncorps, chef de bataillon ;
De Noury, capitaine au 12ᵉ mobiles, chef de bataillon à l'armée de la Nièvre (blessure à la tête) ;
De Saint-Vallier, capitaine au 12ᵉ mobiles, lieutenant-colonel à l'armée de la Nièvre ;
Chartenet, capitaine (blessure grave au bras droit) ;
Pétry, capitaine ;
Flamen d'Assigny (Henri), capitaine ;
Foulon, capitaine ;
Du Pré de Saint-Maur, capitaine ;
Gillois, lieutenant, officier d'ordonnance du général Martin des Pallières ;
Mignot, capitaine (blessure à la main) ;
Bonneau du Martray, lieutenant (blessure grave à la joue) ;
Abbé Cachet, aumônier ;
Comoy, chirurgien.

MÉDAILLE MILITAIRE

FAGES, sergent ;
CHANFREAU, sergent ;
MARCENAT, sergent.
MARTINET, sergent ;
LAMARTINE, garde mobile amputé du bras droit) ;
BOSSUAT, sergent (coup de feu à la cuisse droite) ;
HOUARD, garde mobile (blessures graves à la cuisse droite) ;
SAUTEREAU, sergent (coup de feu au bras droit) ;
FOIN, garde mobile (amputé de la jambe droite) ;
CAILLOT, sergent (coup de feu à la jambe droite) ;
BLANCHE, sergent (coup de feu à la jambe gauche ;
GUENEAU, garde mobile (amputé du bras droit) ;
LÉVÊQUE, garde mobile (coup de feu à la main gauche) ;
MILLOT, garde mobile (amputé du bras droit) ;
BERNARD, garde mobile (blessures graves au pied gauche) ;
FOURNILLON, garde mobile (blessures graves au bras droit) ;
GAIN, garde mobile (blessure grave à la main gauche) ;
GUIBERT, garde mobile (blessure grave au bras droit) ;
LESORT, garde mobile (amputé de la jambe droite) ;
CHARBONNEAU, garde mobile (amputé du bras gauche) ;
MANNOT, garde mobile (blessure grave au bras droit) ;
MATHÉ, garde mobile (blessure grave à la jambe gauche) ;
BOUCHER, garde mobile (blessure grave à la jambe droite) ;
COURTOIS, garde mobile (blessure grave à la jambe droite) ;
CHARTON, garde mobile (coup de feu au bras droit) ;
SECOND, garde mobile (blessure grave au bras gauche) ;
LAUREY, garde mobile (perte d'un œil et perforation de la voûte palatine) ;

Retraités pour blessures :

1 capitaine, 19 sous-officiers et mobiles.

Réformés avec gratifications renouvelables :

17 sous-officiers et mobiles.

Réformés sans gratification :

8 sous-officiers et mobiles.

Nevers, Imp. G. Vallière.